prometeo
libros

INDUSTRIAS CULTURALES
Y POLÍTICAS DE ESTADO

Stella Puente

# Industrias Culturales y políticas de Estado

prometeo
libros

Puente, Stella
    Industrias Culturales y políticas de Estado / Stella Puente -
1a ed. - Buenos Aires: Prometeo Libros, 2007.
    104 p. ; 21 x 15 cm.


    1. Filosofía. I. xxxx II. Título
    CDD 100

© De esta edición, Prometeo Libros, 2007
Av. Corrientes 1916 (C1045AAO), Buenos Aires
Tel.: (54-11) 4952-4486/8923 / Fax: (54-11) 4953-1165
info@prometeolibros.com
www.prometeolibros.com

Diseño: R&S

# Índice

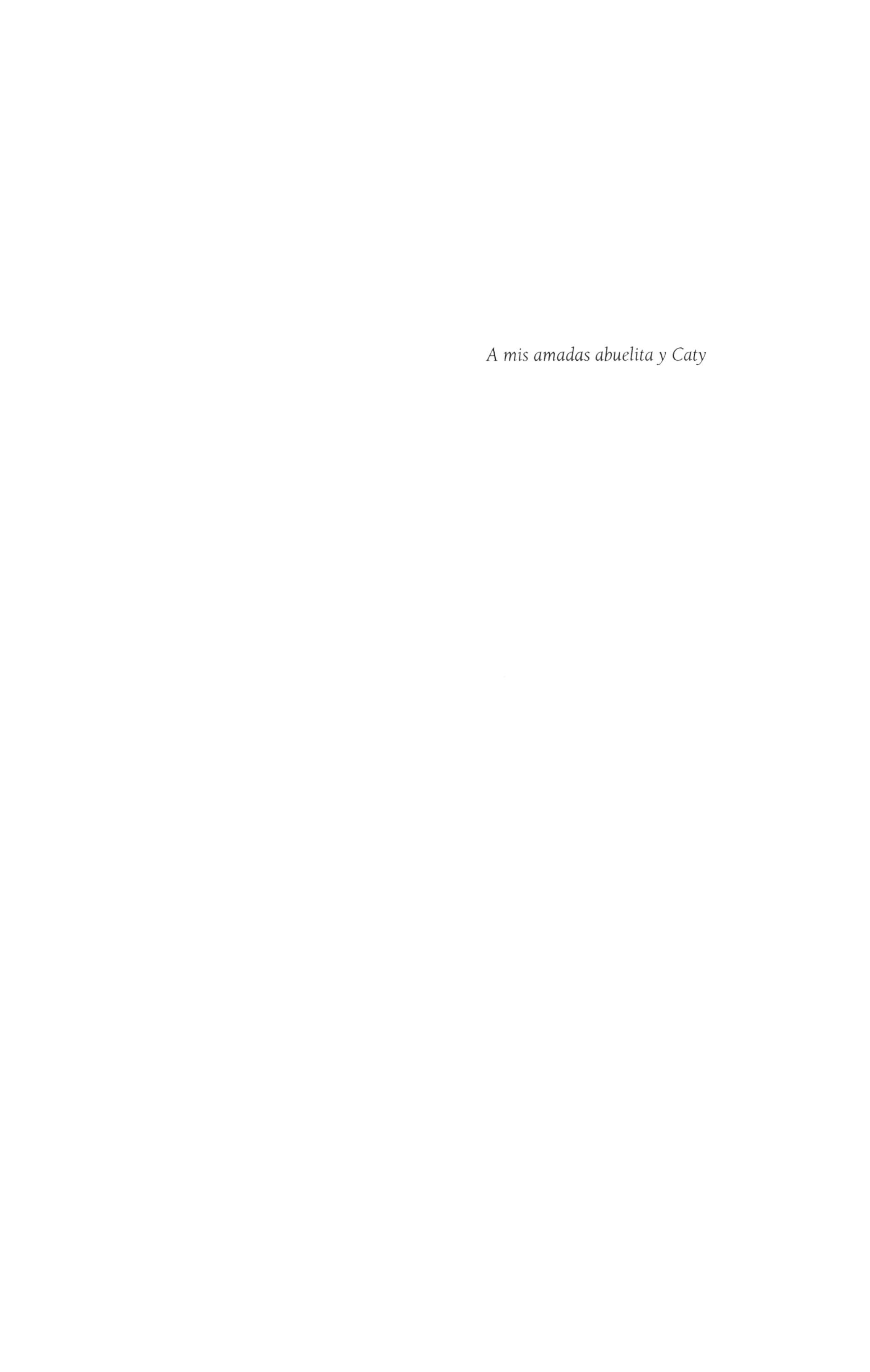

*A mis amadas abuelita y Caty*

# Prólogo

En un país como el nuestro donde no abundan los estudios sobre el impacto económico y las políticas públicas de las Industrias Culturales (IC), resulta muy auspicioso un trabajo como este que ahora se presenta y que está orientado precisamente a tratar dicho tema. Más meritorio aún, cuando el mismo se propone servir de guía o manual para quienes dentro o fuera de este campo estratégico de la cultura y el desarrollo, aspiran a mejorar su participación en el mismo.

A su autora le cabe además el mérito de haber impulsado por primera vez en el país, desde el puesto que ocupaba como Directora Nacional de Política Cultural y Cooperación Internacional de la entonces Secretaría de Cultura y Comunicación de la Nación, el estudio que se llevó a cabo a principios de esta década sobre la incidencia económica y sociocultural de las industrias culturales en el Mercosur. Un proyecto que fue aprobado en Buenos Aires en el año 2000, durante la X Reunión de Ministros de Cultura del Mercosur, y que se ratificó a fines de 2001 en Montevideo, en una nueva reunión de ministros y responsables de Cultura de la región.

A esa gestión se sumaría luego el desempeño de la autora en la Secretaría de Cultura de la Ciudad de Buenos Aires al frente de la Subsecretaría de Gestión e Industrias Culturales y la labor que pasó después a representar como Subsecretaria de Industrias Culturales en el Ministerio de Producción del GCBA. Cabe destacar estos antecedentes, porque ellos no son meramente curriculares, sino que avalan una experiencia concreta en el tratamiento de un tema, como es el de las IC, al cual este libro está abocado.

Han pasado apenas quince años desde los primeros estudios que se hicieron en el país y en América Latina sobre la incidencia de las IC en la economía nacional –impulsados a principios de los años 90 por el Instituto Nacional de la Administración Pública– y en los que comenzó a considerarse a este sector no tanto como una sumatoria de industrias aisladas, sino como un sistema de relaciones sinérgicas de carácter cultural y económico, con fuerte y probada incidencia en el desarrollo nacional.

En este corto lapso de tiempo, creció dentro del país y en América Latina, particularmente en los sectores públicos nacionales y regionales, el interés por los estudios y las investigaciones sobre las relaciones existentes entre economía y cultura, principalmente en el sector de las IC. O lo que es igual, la interdependencia cada vez más visible, entre cultura y desarrollo local y regional. Un campo todavía poco explorado, sujeto a tensiones de diverso tipo, pero a cuyo mayor esclarecimiento contribuye el trabajo que ahora se presenta.

En esa idea de convertir a este libro en una especie de manual de las IC en el país, y particularmente en la Ciudad de Buenos Aires, su autora transcurre entre las distintas concepciones predominantes a escala internacional, centrando su análisis en aquellas que con criterios y estructuras industriales están dedicadas a la producción de bienes y servicios para satisfacer o promover, específicamente, demandas de contenidos simbólicos. Y destacando, además, el papel fundamental de las mismas, aunque sólo allí donde ellas anteponen el interés social y público a la mera búsqueda de lucro, sirviendo a los procesos de identidad y diversidad cultural y a la construcción de ciudadanía. Un enfoque claramente diferenciado de aquellos otros, algunos de los cuales parecieran estar en boga, para los cuales estas industrias importan sólo por los volúmenes de facturación y empleo –una valoración que pese a ser incompleta, nadie se animaría a refutar– o por formar parte de esos espacios lindantes con lo teológico que conforman las llamadas "industrias del entretenimiento" o las "economías creativas".

Frente a este tipo de concepciones, la autora elige un tratamiento de mayor rigor científico, eligiendo indicadores y datos que permitan conocer de manera confiable –o relativamente confiable– el impacto de las IC en los distintos y convergentes campos del desarrollo nacional y local, dentro de los cuales ocupa un lugar privilegiado su contribución efectiva o deseada a la equidad cultural y al mejoramiento de los imaginarios colectivos. En este tema, el presente trabajo se aboca también de manera particular a describir y analizar las políticas internacionales y locales referidas a promover los derechos identitarios de cada pueblo y de cada comunidad. O lo que es igual, a desarrollar verdaderos procesos de interculturalidad basados en el reconocimiento democrático del "otro" o de los "otros".

Junto a la documentada información de la evolución de las IC en el país y en la Ciudad de Buenos Aires, o al análisis de las políticas nacionales y mundiales que afectan a la cultura en general y a las IC en particular, Stella Puente destaca el papel que el Estado y los organismos públicos han tenido en los últimos años para participar en términos cada vez más activos en este campo. Insatisfactorios aún, pero claramente necesarios si se observan las diferencias y asimetrías que se manifiestan entre los escasos polos de concentración –a menudo oligopólicos– de algunas de estas industrias y medios, y los numerosos y casi incontables agentes de la producción de contenidos y de bienes y servicios, desprovistos de suficiente capacidad para afrontar los desafíos que imponen las leyes de la competitividad en el mercado.

Es sabido que las grandes empresas del sector cultural, cada vez más asociadas a grandes conglomerados de medios transnacionales, cuentan con poderosos sistemas de información y de obtención de datos para poner en marcha estrategias sectoriales a nivel local e internacional. Pero este no es el caso de la absoluta mayoría de pequeñas y medianas empresas, muchas veces familiares o unipersonales, que a lo largo del país producen contenidos o prestan servicios, en los que se expresa buena parte de la diversidad cultural nacional.

Precisamente, es este inmenso, aunque disgregado campo de la producción de bienes y servicios culturales, el de las PyMEs, donde el Estado y los organismos públicos responsables, pueden y deberían cumplir un papel indelegable para contribuir a superar las asimetrías existentes, sin lo cual, en lugar de fomentar la existencia de ciudadanos hacedores y recreadores de cultura, se incrementará la de "públicos" acríticos, meramente consumidores.

En este contexto se destaca la labor que comenzó a desarrollar el Gobierno de la Ciudad de Buenos Aires en los inicios de esta década, cuando puso en marcha una política a favor de la defensa de las industrias culturales creando un sistema de obtención y procesamiento de información –el Observatorio de Industrias Culturales, dependiente de la Subsecretaría a cargo del sector– destinado a servir al mejoramiento de la gestión pública y las prácticas de las PyMEs de la cultura local. Una misión que, de no ser por la gestión estatal, resultaría casi imposible llevar a cabo dada la escasez de recursos y la disgregación que caracteriza a las pequeñas empresas culturales.

A ello se refiere también este trabajo, cuando aborda con datos e información pormenorizada la importancia que tienen las IC en la economía, el empleo y la cultura de la capital del país. Un aporte, además, pionero en este campo, y que ha incidido a su vez en la realización de iniciativas parecidas en otras ciudades argentinas y en países de América Latina.

Tal como la autora señala, éstas y otras razones son las que hacen cada vez más imperativa la necesidad de incorporar a las IC en el diseño de las políticas de Estado. Ello aparece como una necesidad manifiesta, ya que mientras en alguna de estas industrias, o proyectos de industria, como ocurre en el caso de la cinematografía nacional, aparece una clara vocación de regular y fomentar las capacidades productivas, ella no resulta de igual modo en la mayor parte de las otras industrias, como son las del libro, los fonogramas y la radiodifusión, entre otras.

Las probadas capacidades sinérgicas que interactúan en este campo estratégico del desarrollo, llevan a recomendar el estudio de políticas y acciones de conjunto, pasando así de una visión sectoralista en una u otra industria, a un enfoque integral que las conciba como sistema de sinergias convergentes, reconociendo y respetando las particularidades que son propias de cada subsector. El conjunto de las artes y de las manifestaciones culturales argentinas podría y merecería encontrar en el sistema de las IC nacionales un posicionamiento activo en favor del desarrollo formativo y creativo de la sociedad, haciendo recrear dentro del mismo las capacidades industriales y tecnológicas –máquinas, equipamientos, insumos, etc.– que son inherentes a la producción de bienes y servicios, así como al aprovechamiento de los mismos por parte de la población.

Es en este sentido donde el aporte de Stella Puente se destaca como una sólida contribución a los proyectos existentes en nuestro país para mejorar la labor de las IC nacionales, poniéndolas cada vez más al servicio de la sociedad. Un desafío que en nuestros tiempos ronda casi con la utopía, pero al cual se debe cualquier gestión que se proponga una efectiva democratización de la cultura y el desarrollo.

Octavio Getino

# Introducción

## Estado y Cultura: el falso debate de la autonomía

> La economía mundial tiene en las industrias culturales mucho más que un recurso para moldear los imaginarios. El volumen de capitales que estas industrias mueven en el mundo, su impacto económico y su rol en el nivel de empleo son claros ejemplos de ello. Las industrias culturales y de la comunicación social son en la actualidad recursos de un alto valor estratégico para el desarrollo de las naciones y los procesos de integración regional. Por ello es necesario diseñar políticas públicas locales, de manera que estas industrias puedan ser aprovechadas por la sociedad y vertebren su desarrollo.

Con el inicio del nuevo milenio, en la Argentina se suscitaron una serie de debates que, más allá de sus temáticas específicas, rondan una misma cuestión. Una cuestión pública que se resume en la pregunta: ¿cómo debe ser la relación entre la cultura y el Estado?

Tan delicado asunto quedó expresado en claro, por dar sólo algunos ejemplos, cuando en el año 2004 se alzaron varias voces en contra de la cuota-pantalla –medida propuesta por el Instituto Nacional de Cine y Artes Audiovisuales (INCAA) para asegurar el estreno de cuatro films nacionales por pantalla en un año– y en las reacciones negativas de algunos dirigentes ante la creación del Observatorio de Industrias Culturales (OIC) del gobierno porteño, herramienta tildada de "sistema de control", como si de un instrumento de fiscalización se tratara. Estas polémicas tuvieron como telón de fondo, además, una serie de discusiones en el ámbito internacional, motivadas por los intentos de establecer reparos ante la liberalización comercial de los bienes culturales.

Lo que estas diferencias de opinión ponen de manifiesto, al fin, es la creencia en una supuesta "autonomía cultural" que debería dejar libres de cualquier tipo de regulación o intervención estatal a los productos, bienes y servicios de la cultura, esgrimiendo que la participación del Estado genera conductismo político y atenta contra la libertad de los creadores y el derecho de elección de los ciudadanos.

Quienes se oponen de manera terminante a la adopción de medidas, la creación de organismos y la elaboración de planes de acción cultural por parte del Estado han llegado incluso a afirmar que así se promueve una suerte de despotismo ilustrado o mecenazgo monárquico, en la que el creador queda entrampado y al servicio de los poderes de turno. Como si "preservar al arte" de las "garras" del mercado –que desde esa perspectiva se asocia a los mecanismos de gestión político-cultural que fomentan la circulación artística en un marco social más amplio– no tuviera consecuencias en el desarrollo cultural de las naciones y, por lo tanto, en el potencial creativo de las comunidades.

Pero en las condiciones actuales es erróneo pensar que, por ejemplo, la industria cinematográfica tiene aseguradas sus condiciones de existencia *per se*, sin un Instituto Nacional de Cine que fomente y financie su producción y también proteja su distribución y exhibición. Los hechos demuestran que de no mediar una intervención contundente por parte del Estado en pos de equilibrar el mercado, la supervivencia de la industria cinematográfica local –y la regional e iberoamericana, como la europea o cualquier otra industria continental– corre peligro ante el expansionismo feroz de Hollywood, que deja escaso o casi ningún margen para la circulación de producciones que no sean las suyas.

Y lo mismo vale para las industrias discográfica e editorial, la producción de televisión y radio, la ópera, el teatro, y la inmensa variedad de actos y hechos culturales que surgen como expresión de identidad y libertad popular y particular.

A partir de reconocer que el desarrollo cultural se ha complejizado de tal manera en las décadas recientes, es completamente falaz considerar que la relación creador-Estado-ciudadano es simple y directa, y que en sus pliegues, o bordes, no existen intermediaciones y efectos de influencia recíproca.

Hoy en día, no podemos pensar en "lo cultural" desde la perspectiva reduccionista e ingenua que lo limita a las instancias de la creación de una obra (el acto "puro y libre" del artista) y de su exhibición (su circulación "autónoma y plural"), que vendrían a dar luego la opción a que cualquier ciudadano la elija y, quizás, la posea. De hecho, cuando cualquiera de nosotros disfruta de una película, un libro o un disco, está consumiendo un bien que es fruto de una larga cadena de producción, que en sí misma contiene a un gran número de actores y acciones específicas.

Esto nos lleva a prestar especial atención a la función especial de las industrias culturales en el desarrollo vital de una comunidad. En este sentido, no debemos perder de vista que el concepto de "industria cultural" no es sinónimo de espacio de acuerdo, sino más bien de zona de tensiones múltiples, en la que sus agentes representan intereses distintos, tienen pesos económicos desiguales y poseen capacidades impares para generar y gestionar sus planes y/o los cambios que pudieran beneficiarlos.

Las industrias culturales son generadoras de valor económico, identitario y simbólico dentro de la sociedad, y se han convertido en las grandes organizadoras del consumo cultural. Ellas son las que en gran medida promueven y sostienen la circulación y exhibición de los bienes culturales. Por esta razón, es prioritario establecer pautas claras y equilibradas, que permitan que los mecanismos de circulación no atenten contra la diversidad de las producciones. Por este motivo, es imperioso incorporar a las industrias culturales dentro del diseño de las políticas del Estado, ya que ellas son "las puertas de entrada y salida" de los contenidos culturales que la sociedad consume a diario. El rol de las industrias culturales dentro de las políticas públicas es el de crear un lugar que permita la convivencia en la pluralidad, y en vistas de la diversidad cultural, el papel de las pequeñas empresas es central y clave.

Un factor ineludible dentro de este análisis son los procesos de concentración y transnacionalización del capital, un fenómeno potenciado a nivel global durante los últimos treinta años y que afecta enormemente el campo de las industrias culturales y su cadena de producción (en particular, las instancias de comercialización y distribución).

Desde este marco de realidad, el complejo entramado económico-político del campo cultural requiere de un Estado atento que, lejos de competir con el mercado, funcione como garantía de equilibrio y articulación. Por ello es necesario generar las condiciones que permitan a los múltiples actores de la cultura –quienes en definitiva son resguardo de la diversidad de contenidos– participar activa y fluidamente en las redes productivas locales y regionales. En realidad, de lo que se trata es de que el Estado genere "condiciones de mercado" que abran las vías de circulación a la potencialidad creativa de aquellos "pequeños grandes" actores que el mercado masivo discrimina y excluye.

Es falso hablar de libre elección cuando no existen las condiciones objetivas para realizarla. En la situación actual, las políticas culturales de un país deben incluir en su accionar a las industrias culturales, precisamente porque de su regulación democrática dependerá que los creadores tengan oportunidades para desarrollar y dar a conocer sus proyectos y, paralelamente, que los ciudadanos puedan realizar elecciones en un marco de riqueza y diversidad.

No es nuestra intención apelar a la identidad nacional, ya sea por un gesto de autoafirmación o por uno de falso nacionalismo. Lo que nos interesa investigar aquí son las condiciones en que es posible la creación cultural. Sin duda todos coincidimos en el deseo de vivir en un país donde lo creativo no sea sólo un condimento o una nota de color, sino parte vertebral de nuestra percepción del mundo, de nuestra sociedad y de nosotros mismos. Sin duda, todos queremos formar parte de un país con artistas que puedan desarrollar su obra, y con obras que puedan ser recibidas por el público para el disfrute, la reflexión, el solaz y el conocimiento de lo propio y lo ajeno.

Si ese es el país que todos queremos, resulta entonces esencial que aparezca en escena un actor como el Estado, ya que su capacidad de proteger el equilibrio democrático puede abrir las puertas a la verdadera libertad del hecho creativo y el derecho a la cultura.

# Capítulo I
# Industrias culturales: concepto y evolución

## Cultura y Economía

El concepto de "industrias culturales" surge de la intersección entre Economía y Cultura. El cruce de estos dos grandes campos de producción humana –origen de un vínculo signado históricamente por cierta ambivalencia– implicó desde un principio una serie de incomprensiones recíprocas. Separados por un conjunto de prácticas y saberes específicos, los actores de la economía y la cultura se han mirado más de una vez con desconfianza suficiente para sospechar de las razones que habrían de servir de base a las empresas en común y sus beneficios.

Puestos a rastrear las causas de este desentendimiento, es imposible pasar por alto la calificación de *improductivas* que uno de los clásicos indiscutidos de la ciencia económica, Adam Smith, otorgara a las actividades vinculadas a las artes y a la religión.

Para autores como Adam Smith o David Ricardo –y con ellos los herederos de la escuela liberal– no existe lugar alguno en la teoría económica para las actividades consideradas como culturales. Desde su punto de vista técnico, el planteo es tajante: la cultura vendría a ser el dominio esencial del trabajo no productivo debido a que el gasto en las artes no contribuye ni aporta a la riqueza de una nación.

Por otra parte, y desde una perspectiva ideológica contrastante, Karl Marx también consideró a las artes –representadas en la figura de la cantora– como *improductivas*. Al respecto, no debemos olvidar que Marx, a diferencia de sus predecesores de la economía política, no se refiere a una situación improductiva *per se* sino en función de la producción de valor y de la organización que este valor imprime sobre el trabajo. Así, el capítulo VI de *El Capital*, dedicado a examinar las profesiones marginales en la formación de valor capitalista, consigna las de médico, profesor y cantora como actividades que al no producir plusvalía –y en la medida en que no se integran al proceso de valorización capitalista– son relegadas, por lógica, a la categoría de lo económicamente insignificante.

Lo interesante de esta visión es que anticipa una primera diferenciación entre el arte "autónomo" y aquellas otras formas del arte que desde su génesis se encuentran ligadas al proceso de producción capitalista. Y si bien es conveniente situar históricamente ambas posiciones, lo cierto es que ninguna de ellas atribuye al capital simbólico entidad suficiente: en el primer caso lo cultural/simbólico está directamente por fuera de la "economía", y en la segundo es productivo sólo en la medida en que pierda su autonomía.

Estas reflexiones que dan cierto color al relato necesitarían de mayor desarrollo, en especial, de su contexto histórico. Sólo diremos aquí que la producción cultural era incipiente y que, en este sentido, se evidencia que Marx fue contemporáneo al surgimiento de un mercado del arte que seguiría en crecimiento a lo largo de todo el siglo XX.

Asimismo, del lado de los agentes de la cultura hubo –y todavía hay– que vencer una cantidad de reparos y resistencias con respecto a aceptar que la creación artística se encuentra incorporada a complejos procesos productivos, y en consecuencia económicos, que la determinan. Es tradicional que los productores y creadores culturales, muchas veces y desde una mirada ingenua, no perciban la vinculación entre su actividad y la posibilidad de cuantificarla, medirla, monitorearla, ni tampoco su relación con un proceso ulterior mercantil.

La parcialidad de estas concepciones se origina en el marco histórico en que la cultura era considerada como Bellas Artes o Alta Cultura, y como tal era promovida y financiada por mecenas. Los príncipes y reyes de la Europa medieval y renacentista fueron los primeros, junto con la Iglesia, en gestionar la creación de obras artísticas, contratar artesanos, y encargar la redacción de libros y la composición de piezas musicales y dramáticas que transmitieran e "inmortalizaran" sus propios intereses, lo que equivale a decir: los valores, las concepciones del mundo y las políticas de su cuño.

Recién en la era moderna aparecería el Estado como un agente activo en el desarrollo cultural de las naciones por entonces incipientes. A partir de allí, y con la Ilustración, el modelo francés se convierte en paradigma de la intervención estatal en el campo de la cultura.

Así se cerraba un círculo en el que, por distintos motivos, los economistas, los creadores y los responsables de las políticas públicas despreciaban cualquier asociación entre cultura y economía, o entre arte y negocio.

Pero con el advenimiento de la cultura de masas a principios del siglo XX, las relaciones entre economía y cultura dieron un giro inesperado. Con la modernización de las sociedades –un proceso acelerado década a década–, varias de las producciones culturales se insertaron en la lógica comercial, se estandarizaron, y fueron así objeto –y producto– de las intrincadas estructuras industriales en desarrollo. La producción industrial y la oferta de bienes culturales por circuitos comerciales masivos significó una conmoción de fondo en el panorama de la cultura, la economía y la política que aún hoy permanece irresuelta, si entendemos que la vida cultural de una nación es un componente clave no sólo de su economía, sino primordialmente de su autonomía democrática.

## Origen y evolución del término

En ese contexto de abrupto cambio sociopolítico surgió, en la década de 1940, el concepto de "industria cultural", según el análisis crítico de Theodor W. Adorno y Max Horkheimer. Estos autores, quizás los máximos exponentes de la llamada Escuela de Frankfurt y representantes de la intelectualidad europea de corte hegeliano y marxista, advirtieron que el proceso de industrialización habría de derivar en una degradación de la cultura en industria del entretenimiento, y en su ya clásico libro *Dialéctica del iluminismo* alertaron sobre la "desublimación del arte" y utilizaron por vez primera la expresión "industria cultural".

Al respecto, el crítico cultural latinoamericano Jesús Martín Barbero dice que para entender esa línea de pensamiento es necesario situarla en el contexto totalitario en que se originó: "La experiencia radical que fue el nazismo está sin duda en la base de la radicalidad con que piensa la Escuela de Frankfurt. Con el nazismo, el capitalismo deja de ser únicamente economía y pone al descubierto su textura política y cultural: su tendencia a la totalización".

Desde el análisis de Barbero, hay entonces "un pesimismo cultural que llevará a cargar la unidad del sistema a la cuenta de la 'racionalidad técnica', con lo que se acaba convirtiendo en cualidad de los medios, lo que no es sino un modo de uso histórico".[1]

Así, el concepto de "industria cultural" fue tomando cuerpo y reformulándose a partir de la emergencia de los medios masivos de difusión (el desarrollo del cine, la consolidación de la radio como medio de largo alcance y las primeras experiencias de la televisión), con el objetivo de analizar críticamente el proceso de estandarización de los contenidos que estos medios vehiculizaban, e investigar sus efectos en el escenario social.

Pero con la especialización académica propia de los años '60 el concepto de "industria cultural", que inicialmente fuera asociado, entre otros, al de "cultura de masas", fue resignificándose de acuerdo a los diversos enfoques en boga.[2]

Un aporte decisivo a este campo de discusión corrió por cuenta del economista estadounidense Fritz Machlup cuando, en 1966, introdujo la categoría de "industria del conocimiento" –en la que incluía los medios, la publicidad, la educación y las relaciones públicas– para realizar un estudio sobre su incidencia económica en el PIB de su país. Casi una década más tarde, en 1974, un grupo de investigación de la Universidad de Stanford retomó algunos conceptos de economistas como Machlup y llegó a la conclusión de que la "industria de la información" representaba el indicador principal en cuanto a empleo y presencia en el PIB nacional en la era del capitalismo avanzado.

La información se convertía entonces en un capital estratégico y decisivo en la nueva división global entre naciones ricas y pobres. La riqueza de

[1] Jesús Martín Barbero, en *Comunicación, cultura y hegemonía* (1987). Otros autores contemporáneos, como el francés Pierre Bourdieu, sobre fines del siglo xx, actualizan la visión crítica con respecto a la cultura de masas, haciendo foco en el proceso globalizador de concentración de la producción cultural en unos pocos grandes grupos empresariales que, guiados exclusivamente por la lógica de la rentabilidad, significan una amenaza para la diversidad de las tradiciones culturales locales.

[2] Al respecto, recomendamos la lectura del artículo "Las IC como concepto", del argentino Octavio Getino, un breve y completo recorrido crítico-historiográfico sobre las nociones y campos asociados a las "inductrias culturales". En revista *Observatorio* N° 3, Bs. As., octubre 2005.

los países dependería, según estos teóricos, del poder que los mismos tuvieran sobre dicho recurso.

En aquellas tentativas de aproximación entre las esferas de la economía y cultura durante la década del 70 hubo otro trabajo pionero, "El dilema económico de las artes escénicas", cuyos autores son William Baumol y William Bowen y que significó nada menos que, según Jesús Pietro de Pedro, el "nacimiento de la economía del arte como disciplina independiente dentro de la ciencia económica moderna"[3].

Durante los años '80, y en el marco de los estudios multidisciplinarios que en esa época cobraron renovada fuerza, la reflexión teórica en torno a las "industrias culturales" se profundizó y enriqueció a partir de los aportes de la sociología y la economía política de la comunicación. En su artículo "Las industrias culturales: génesis de una idea", Armand Mattelart y Jean-Marie Piemme señalan que la década del setenta vio surgir, en Estados Unidos y varios países de Europa y América Latina, una corriente de investigación crítica "en condiciones de producción muy variadas, engendrando conceptualizaciones también muy diversas. (…) Según los casos, se hablará de economía política de la comunicación y de la cultura, de análisis de los medios de comunicación masiva como estructura, o de análisis de las industrias culturales"[4].

El denominador común de los trabajos europeos, norteamericanos y latinoamericanos que se inscribían en esta plural corriente de investigación crítica no era otra cosa que buscar comprender el funcionamiento material de la cultura.

De hecho en Latinoamérica cobran presencia los trabajos de Octavio Getino quien desarrolla una minuciosa descripción del funcionamiento y los actores intervinientes en cada sector de la industria cultural. Así también el argentino, radicado en México, Garcia Canclini comienza a alertar acerca de las dificultades que experimenta la región para producir y luego poner en circulación sus bienes culturales producto de la concentración en el campo de las industrias culturales.

---

[3] Citado en: "Cultura, economía y derecho, tres conceptos implicados", de Jesús Prieto de Pedro. Revista *Pensar Iberoamérica*, N 1, OEI. Septiembre 2002.
[4] Citado por Luis A. Albornoz, en "Industrias Culturales, como concepto". Revista *Observatorio* N 2. Abril 2005- Secretaria de Cultura. Gobierno de la Ciudad de Buenos Aires.

Una vez inciada la década del 90, la importancia económica y simbólica de las industrias culturales –reconocible en el alto grado de desarrollo alcanzado entonces– más su relación intrínseca con una serie de novedades y cambios tecnológicos las convirtieron en objeto de disputa entre los distintos operadores empresariales globales, en vista del alto nivel de ganancias y poder generado por ellas.

Sobre este punto, es necesario destacar que el interés y las acciones de los operadores privados no tuvieron una contrapartida por parte de los Estados nacionales. Salvo en países como Francia y Canadá –en los que la inclusión de estos sectores en el campo de las políticas públicas ya tenía una trayectoria de décadas–, en el resto de los países, y particularmente en los de nuestra región, se profundizó un proceso de concentración vertical y horizontal sin que existiera mayor intervención de la gestión pública para resguardar las condiciones de equilibrio, protección y pluralidad en la creación y difusión de las artes.

Al fin, este escenario de globalización acelerada y creciente competitividad tecnológica llevó a que los distintos países comenzaran a cuestionarse el impacto de los sectores vinculados a las industrias culturales en el marco de las condiciones político-económicas locales, mientras paralelamente se conformaba un campo epistemológico inestable y en directa relación a una miríada de factores externos y en constante desarrollo.

Del inmenso corpus de literatura teórico-crítica sobre el tema producida en el ámbito institucional, *Industrias Culturales: el futuro de la cultura en juego*[5], publicado en 1982, marcó un hito. En él se reúnen los debates y las conclusiones de un encuentro internacional (realizado en 1980 en Montreal, Canadá, con el auspicio de la UNESCO) entre especialistas de diferentes disciplinas de las ciencias sociales y de la cultura, y allí se establece una definición de "industria cultural" que nos permite identificar los distintos sectores creativos que comparten el hecho de reproducir una obra cultural (ya sean discos, libros o programas audiovisuales) mediante procedimientos industriales.

Esta definición, que pone de relieve el carácter económico-comercial de la producción industrial en los sectores de la información, la comunicación y la cultura, expresa que:

[5] VV.AA., *Industrias Culturales, el futuro de la cultura en juego.* (UNESCO, 1982) Fondo de cultura económica, México.1982.

"Se estima, en general, que existe una 'industria cultural' cuando los bienes y los servicios culturales se producen, reproducen, conservan y difunden según criterios industriales y comerciales, es decir, en serie y aplicando una estrategia de tipo económico, en vez de perseguir una finalidad de desarrollo cultural".

Este primer intento de definir el campo y el modo operativo propios de las "industrias culturales", si bien significó un avance en cuanto al establecimiento de un consenso terminológico en las élites ejecutivas de la cultura, sigue soportando una escisión entre los campos del arte y el lucro.

Al día de hoy la UNESCO ha revisado aquella visión del fenómeno (por entonces plagada de señales de resistencia en cuanto a vincular lo "auténticamente cultural" con lo económico), y ha redefinido las "industrias culturales" como aquellas empresas que combinan la creación, la producción y la comercialización de contenidos intangibles y culturales –protegidos por los derechos de autor– que pueden tomar la forma de bienes y servicios.

Esta noción de las "industrias culturales" acoge igualmente a las artes gráficas, las publicaciones, las producciones audiovisuales, ya sean cinematográficas o multimediales, las producciones fonográficas, como también a las artesanías y el diseño.

En el mundo anglosajón, Gran Bretaña supo ampliar el concepto original bajo la denominación de "industrias creativas", y de esta manera pudo incluir a la arquitectura, el patrimonio, las artes visuales y perfomativas, y el diseño industrial, gráfico y textil, entre otros.

Pero los Estados Unidos impusieron unilateralmente un concepto diferenciado del resto del mundo al proponer la denominación de "industrias del entretenimiento" para referirse a un rango de actividades que abarcaría desde el deporte hasta el juego por dinero de los hipódromos y casinos. Dado este marco, es interesante observar cómo en ese país todavía existe una gran separación entre sectores como los recién mencionados y aquellos otros que –anacrónica o paradójicamente– se identifican como "alta cultura" (por dar apenas dos ejemplos: museos y salas de concierto), y que por lo tanto se consideran sujetos a las políticas culturales en curso.

Por otra parte, y ateniéndonos a la lógica de los hechos, lo cierto es que el desarrollo y el crecimiento exponencial de la industria del entretenimiento de ese país ha respondido a una estrategia de expansión de mercado que funciona ni más ni menos que como un Estado que amplía el mercado interno y, fundamentalmente, el externo. Un ejemplo por demás expresivo de la política "cultural" estadounidense por fuera de sus fronteras es la multiplicación a nivel internacional de grandes cadenas de multisalas de exhibición cinematográfica, con sus respectivas franquicias alimentarias y de servicios.

En definitiva, la importancia económica y simbólico-cultural[6] que han adquirido estas industrias en las últimas dos décadas hacen que la institucionalidad política –en particular, los organismos supranacionales– comiencen a investigar y buscar cómo regular las diversas situaciones culturales y empresariales que surgen a nivel global y local sobre la base de una realidad, por lo menos, multívoca.

En el contexto de Latinoamérica son invalorables los aportes del Convenio Andrés Bello (CAB), que promueve la realización de estudios e investigaciones en profundidad sobre la incidencia económica y social de las "industrias culturales" en nuestros países. Así también conviene destacar el trabajo del Observatorio de Industrias Culturales de la Ciudad de Buenos Aires que lo proyecta como referente pionero en la consolidación de datos económicos y sociales en este campo.

Asimismo, el apoyo sostenido de los organismos internacionales en pro de la diversidad cultural ha redundado al día de hoy en una mayor preocupación por parte de las gestiones culturales a nivel local en cuanto a conocer el funcionamiento concreto de las "industrias culturales" en las diversas situaciones socioeconómicas de los países así llamados "periféricos". El camino se abre por delante.

En conclusión, no hay una definición única del concepto "industrias culturales" ni hay acuerdo todavía duradero, sino múltiples aproximaciones a un hecho socio-económico-cultural en pleno desenvolvimiento. A partir de la reciente –y convengamos: tardía– toma de conciencia por parte de los Estados con respecto a cuan decisivo es para el desarrollo de la propia cultura resguardar estas industrias, han aparecido definiciones y

---

[6] Al punto que, para algunos autores, las IC pasaron de la periferia al corazón de la economía, siendo definitorias de la nueva sociedad de información.

conceptos nuevos, aunque relativos casi exclusivamente a su operatividad política. Y en este sentido, el mapa que indica qué sectores se incluyen en ellas o quedan excluidos representa casi literalmente qué tipo de realidad artística y cultural identifica a un país determinado. En suma, las políticas culturales de un país no significan menos que sus acciones en el campo de las relaciones internacionales, las finanzas o la promoción social: son todas señales de identidad y de proyecto.

# Capítulo 2
# Las Industrias Culturales como sector productivo

Hoy en día no hay discusión posible con respecto al valor económico-cultural que las IC aportan al patrimonio de las naciones. Los reparos y prejuicios que apenas cinco décadas atrás hacían difícil vincular la cultura con lo industrial y lo económico caen por tierra ante la realidad de los hechos, que demuestran una relación cada vez más estrecha entre ambas esferas y sostienen una alianza de productividad y rentabilidad en constante crecimiento y expansión.

Desde comienzos del siglo XX, y a partir de la creación de los medios tecnológicos que han establecido la así llamada "cultura de masas", buena parte de los contenidos artísticos y culturales se propagan gracias a una producción serializada que a su vez es distribuida por circuitos comerciales de alcance mundial. En este contexto, las Industrias Culturales operan como un mecanismo de articulación entre la producción cultural privada y su consumo y acceso público.

Constituidas por el conjunto de empresas relacionadas con la generación, la producción y la comercialización de bienes y servicios culturales, las IC son consideradas "industrias" debido a que comparten con sus pares de otros ramos los rasgos distintivos de la actividad, esto es: la producción masiva, la estandarización de los contenidos y la distribución para el consumo a gran escala.

Sin embargo, a pesar de tener en común con las industrias más tradicionales los rasgos que hacen a su eficaz funcionamiento económico (inversión, facturación, creación de empleo, etc.), las IC se distinguen de las demás industrias en tanto promueven productos y contenidos culturales que expresan y dinamizan el capital simbólico de las sociedades.

Precisamente, esta característica es la que reviste a las IC de un valor estratégico crucial para el desarrollo de los países. (Y en este sentido, dada su inmensa capacidad de penetración en los imaginarios sociales y de creación de valores, comportamientos y modos de consumo comunitarios, algunos autores no dudan en calificarlas de *industrias industrializantes*.)

Así, las IC se sitúan en el núcleo central de la producción y la circulación de significados, y se incorporan a las economías nacionales como un sector de potencialidad sin precedentes.

Remitámonos, si no, a los hechos: los profundos cambios que se han operado en los modelos productivos, con la consecuente aparición de nuevos sectores, subsectores, soportes y formatos, han quebrado la hegemonía de muchos de los productos tradicionales (provenientes de la otrora "industria pesada") que servían de referencia a la economía mundial. Esto se percibe muy claramente en las ciudades, donde varias áreas productivas de la "nueva economía" (por ejemplo las vinculadas a servicio financiero, turístico, cultural y del sofware y el diseño) ya forman parte de los entretejidos económicos y de las marcas o grupos que buscan diferenciarse a nivel local y salir con una identidad propia al mercado global.

Según la UNESCO, las Industrias Culturales son uno de los sectores de mayor crecimiento a escala mundial, estimando que computan un aumento anual del 7,2%. Las cifras son elocuentes. Entre tan solo dos décadas, el volumen del comercio mundial de bienes culturales –ya sea en cine y fotografía, equipos de radio y televisión, documentos impresos, literatura, música y artes visuales– se sextuplicó, desde los \$95 mil millones de 1980 hasta los más de \$600 mil millones del año 2004.[1]

Esta explosión de crecimiento, que ha llevado a la convivencia del desarrollo de un negocio y la producción cultural, sentó también las condiciones para la estandarización de los productos y la sobrevaloración del "best seller" como muestra de cómo la creación puede estar fuertemente direccionada por la potencialidad de un mercado consumidor. A la vez, lo cierto es que en el marco de esta uniformización de los contenidos culturales a nivel mundial han aparecido expresiones que dan cuenta de una imperiosa

---

[1] Los datos del año 1980 fueron tomados del "Informe sobre Desarrollo Humano 2004" de las Naciones Unidas, y los del 2004 de la División Estadística Naciones Unidas (COMTRADE).

necesidad social de reafirmación de sus identidades por medio de la cultura. De hecho, esta última década está marcada por el surgimiento de un mercado de consumidores globales interesados por lo exótico, lo folclórico y lo artesanal, aunque la pulsión totalizadora tenga mejores perspectivas de desarrollo que estas "resistencias" o tendencias particulares. En este sentido, la acción de los Estados en la regulación de los mercados es vital para que esos contenidos o productos "típicos", "alternativos" o "novedosos" tengan oportunidad de ser puestos en circulación en una red mayor y ser apreciados a nivel mundial. Por ello es fundamental el fortalecimiento de las pequeñas empresas culturales. Porque un entramado productivo diverso es garantía de desarrollo y de puesta en circulación de contenidos diversos.

## El riesgo de la concentración

Gran parte de este crecimiento es el resultado de los procedimientos de convergencia tecnológica que se suman a las progresivas articulaciones entre los distintos sectores de la producción cultural.

El fenómeno de industrialización de las producciones culturales que en un comienzo fuera paulatino y cauteloso resultó, en el transcurso de los últimos veinticinco años, en un proceso de aceleración vertiginosa a partir de una serie inédita de cambios tecnológicos en las comunicaciones y en la reproducción de contenidos interculturales por distintos medios y soportes.

El desarrollo de equipamientos multimedia y la digitalización de contenidos –dos factores ligados intrínsecamente a los recientes avances en las tecnologías de las telecomunicaciones– han operado y operan un contundente cambio de signo en los procesos de producción y de consumo cultural.

La confluencia entre la informática, las telecomunicaciones y las Industras Culturales indica el camino del futuro crecimiento del sector, su transformación y hasta el cambio de paradigma en materia de producción. Este es un fenómeno importantísimo ya que el mismo está redefiniendo toda la cadena de producción de estas industrias. Por dar un ejemplo, en la industria discográfica el advenimiento digital y tecnológico está replanteando estrategias comerciales y hasta el formato mismo de esta industria. A ello debe sumarse el fenómeno de la piratería que está suscitando importantes debates.

Asimismo, en el horizonte ya se divisa el imperio del *triple play*, es decir: la convergencia de datos (Internet), voz (telefonía) y televisión por un único canal de comunicación.

Todo ello ha desdibujado los contornos o limites que diferenciaban y caracterizaban a cada una de estas industrias. En la actualidad existe una imbricación creciente entre los diversos sectores, en busca de potenciar la difusión de los productos culturales de una determinada industria mediante su puesta en circulación por tantos canales, medios y soportes como sea posible. Esta estrategia queda ejemplificada en los acuerdos establecidos entre las grandes compañías discográficas y los canales musicales de televisión para la promoción de sus productos, y en los recursos de replicación de los medios audiovisuales (cine, TV y video) en plena vigencia.

Así también, la aparición de Internet ha revolucionado la continuidad de los soportes "clásicos" de circulación de contenidos. Su primer antecedente se refiere a contenidos discográficos y más recientemente a los audiovisuales: ocho grandes estudios de Hollywood anunciaron que empezarán a distribuir películas por Internet, con la intención de neutralizar la circulación pirata y gratuita de films en la red[2].

Otro dato interesante para graficar la relación entre el acceso al consumo cultural y nuevas tecnologías es la cantidad mundial de televisores por cada mil personas, cifra que se duplicó de 113 en 1980 a 229 en 1995, y ha seguido creciendo hasta alcanzar en el año 2000 los 243.[3]

En cuanto a la cantidad de usuarios de Internet, en los países de "desarrollo humano alto", entre 1990 y 2002, pasaron a ser de 2,5 a 382 cada mil habitantes, mientras que en los de "desarrollo humano medio" (como la Argentina) crecieron, durante el mismo período, de 0 a 37,3 cada mil habitantes.

Por otra parte, el aumento en la utilización de telefonía móvil significó, además de un notable índice de alza en el consumo tecnológico, la posibi-

---

[2] Tal como sucedió con la circulación gratuita de música por Internet, que puso en crisis a la industria fonográfica mundial, el sector audiovisual comienza ahora a buscar modos de adaptarse a las nuevas realidades tecnológicas. Queda por ver si el modelo es competitivo con el mercado ilegal.
[3] Estos datos figuran en el Cap. V del «Informe sobre Desarrollo Humano 2004» de las Naciones Unidas.

lidad de que por ese medio comenzaran a circular contenidos culturales. Por ejemplo, ya se desarrollan a modo de prueba algunas producciones audiovisuales especialmente dirigidas a explorar este nuevo canal, esperando la masificación de la nueva generación de celulares que permite recibir videos. En algunos países las editoriales comienzan a orientar algunos textos literarios —microcuentos, por ej.— para su lectura a través de los celulares.

La eficiente combinación de impacto económico y potencia en la conformación de los imaginarios sociales, típica de las IC, seguramente ha resultado atractiva para aquellos *holdings* empresariales que han concentrado la producción de bienes y servicios culturales y comunicacionales en pos de ganar la primacía absoluta sobre los nuevos mercados. Pero la contracara de esta política económico-cultural no es otra que el riesgo de una homogeneización de los contenidos, con su consecuente amenaza a la diversidad en la producción simbólica de las comunidades.

Lo que sucede en el mercado cinematográfico es, en este sentido, más que ilustrativo. En la actualidad, las producciones de Hollywood acaparan en muchas regiones del mundo entre el 80% y el 90% de las pantallas. Incluso en Europa —un continente con una producción cinematográfica de larga tradición—, la proporción de películas nacionales exhibidas entre 1984 y 2001[4] se redujo con la sola excepción de Francia y Alemania. Sin embargo en datos del Observatorio Europeo Audiovisual sobre el período 1998-2003 esta tendencia se revierte, seguramente como fruto de las políticas de protección y fomento aplicadas en la región: Francia crece un 24%, Alemania un 60%, España 70% e Italia un 27%.

Por su parte, la industria fonográfica tampoco escapa a estas nuevas reglas de monopolio, ya que cuatro compañías de ese país (Sony-BMG, WEA, EMI Odeón y UNIVERSAL) dominan hoy en día alrededor del 80% del mercado mundial del disco.

Simultáneamente a este proceso de feroz expansión, la industria estadounidense del entretenimiento fue el sector con un mayor índice de crecimiento económico durante los años 90. Las actividades relacionadas a lo cultural representan en ese país más del 6% del PIB, emplean a 1,3 millo-

---

[4] Informe PNUD sobre Desarrollo Humano (Naciones Unidas) año 2004.

nes de personas, y son el segundo rubro en cuanto a importancia de ingreso por exportaciones –siendo el primero la industria armamentista–.

Para comprender la dimensión económica de esta maniobra, valga citar que en el año 1997 la industria audiovisual de los Estados Unidos recaudó en todo el mundo alrededor de 30.000 millones de dólares, de los cuales el 50% provino de los mercados extranjeros, particularmente el europeo.[5]

La magnitud de este rédito es, probablemente, la razón que subyace el liderazgo estadounidense en el marco de las discusiones sobre la liberalización comercial de los bienes culturales dentro de la Organización Mundial del Comercio, donde los acuerdos sobre eliminación de aranceles, leyes de fomento y subsidios estatales resultarían en un cambio de fondo en el panorama de cultura.

El fenómeno de concentración asimétrica en la producción cultural tiene su correlato en la distribución de los ingresos que se generan de estas actividades.

Así, la Comunidad Europea, los Estados Unidos y el Japón obtienen el 87% de las ganancias mundiales devenidas de la producción y la distribución de bienes culturales y comunicacionales, quedando apenas el 13% restante como ganancia total de los demás países del mundo[6]:

En detalle: Estados Unidos se queda con el 55%, la Unión Europea con el 25%, y Japón y Asia con el 15%, mientras que del total excedente tan solo un 5% corresponde a las producciones latinoamericanas, aunque –y no es un dato menor– el español sea la cuarta lengua en cuanto a importancia mundial según su número de hablantes.

---

[5] Estos y otros datos contextuales figuran en: AA.VV. "Las Industrias Culturales en el MERCOSUR: Incidencia Económica y Sociocultural, Intercambios y Políticas de Integración Regional" (2001). Secretaría de Cultura y Medios de Comunicación de la Rep. Argentina.
[6] Néstor García Canclini, *Latinoamericanos buscando lugar en este siglo*, Buenos. Aires.: Paidós, 2002.

# Capítulo 3
# Las Industrias Culturales en la Argentina

## Orígenes

En nuestro país –como en varios otros de la región–, la temprana expansión de las IC se debió al aumento de la demanda de información y bienes simbólicos generada por los procesos de urbanización, alfabetización e industrialización promovidos entre 1880 y las primeras décadas del siglo XX con la consolidación de un orden político "conservador" y de integración productiva al capitalismo mundial que transformó fuertemente la economía y la sociedad.

Como señala Oscar Oszlak, entre 1862 y 1914, "la Argentina quintuplicó el volumen de sus exportaciones y multiplicó varias veces su población, el número de sus escuelas y el kilometraje de sus ferrocarriles. En medio siglo se produjo una drástica transformación en la fisonomía de sus ciudades (…) y en la riqueza y la cultura de sus habitantes".[1]

Así, sobre finales del siglo XIX, las industrias gráfica y editorial –especialmente orientadas a la producción de diarios y revistas en las principales ciudades del país– iniciaron un rápido desarrollo, dentro de un contexto marcado por grandes cambios demográficos, sociales y culturales entre los que la Ley de Educación Común de 1884 y las campañas de alfabetización habrían de ser decisivos.

[1] Oscar Oszlak, *La formación del Estado Argentino. Orden, Progreso y Organización Nacional*, Buenos Aires: Planeta, 1999.

En el año 1882 se publicaban en la Argentina 224 periódicos, es decir uno por cada 13.400 habitantes: una relación que ubicaba a la Argentina en el tercer lugar mundial en cuanto al índice de proporción entre materiales impresos y población.[2]

Por entonces, esos medios jugaron un papel importantísimo en la difusión de la literatura nacional y extranjera tanto por la publicación por entregas de novelas como por las colecciones de libros que acompañaban la edición de los diarios y sus suplementos literarios.

Unas pocas décadas más tarde, y a partir del éxito entre los lectores recientemente alfabetizados, la edición de libros por entregas comenzó a diferenciarse de los suplementos de la prensa[3], al punto de que, en 1916, *La novela semanal* se publicitaba con el anuncio de que más de 350.000 personas la leían.[4]

Simultáneamente a este proceso de crecimiento editorial, hacia finales del siglo XIX surgió en los Estados Unidos la primera de las "industrias culturales" vinculada a la comunicación de masas: el cine.

En nuestro país, las primeras proyecciones cinematográficas se realizaron en 1896 con equipamiento y materiales importados de EUA y Europa, y las primeras producciones locales, del género "noticiero", tuvieron lugar en el año 1900.[5] En 1915 se estrenó el primer film nacional, "Nobleza gaucha", que además de tener una amplia repercusión popular fue exportado a España y Latinoamérica, generando ingresos que multiplicaron por treinta sus costos de producción[6] y dando inicio a una larga tradición cinematográfica local.

Asimismo, otra de las actividades vinculadas a las nacientes industrias de la comunicación de masas, la radio, marcó un hito en el desarrollo de

---

[2] Leandro de Sagastizábal, *La edición de libros en la Argentina*. Buenos Aires: Eudeba, 1995.
[3] Éstos pasan a ser de aproximadamente 1,5 millones de personas en 1895 a 3,9 millones en 1914: un aumento de un 250% en menos de veinte años. Ibidem.
[4] Octavio Getino: *El capital de la Cultura. Las Industrias Culturales en la Argentina: economía, identidad y desarrollo*.
[5] *Las Industrias Culturales en el MERCOSUR: Incidencia Económica y Sociocultural, Intercambios y Políticas de Integración Regional* (2001).
[6] Pablo Perelman y Paulina Seivach, *La Industria cinematográfica en la Argentina: Entre los límites del mercado y el fomento estatal* (2003).

las IC de nuestro país. Como señala Carlos Ulanovsky en su historia de la radio argentina, en agosto de 1920 se realizó en Buenos Aires una de las primeras transmisiones radiales dirigidas a un público masivo, lo que la convierte en una emisión pionera en la radiodifusión mundial.[7].

Llegada la década de 1930, la difusión masiva de productos culturales nacionales y del mundo era una realidad plena e impulsada por la creación del cine sonoro, el éxito de los radioteatros, el crecimiento de la industria fonográfica y la expansión del mercado editorial gracias a una amplia oferta de libros de interés general a precios populares.

El surgimiento de la industria fonográfica local tuvo como protagonista precisamente a uno de los productos más destacados de la cultura popular argentina, el tango, que desde su creación a finales de siglo XIX hasta su afianzamiento a partir de las primeras décadas del XX fue convirtiéndose en una marca indiscutida de la identidad de los argentinos.

Con la Primera Guerra Mundial y la dificultad que implicó para la llegada de discos grabados en el exterior, se fundó el sello fonográfico "Nacional", que realizó, en 1916, su primera grabación de una orquesta de tango. Tras un primer intento fallido por problemas técnicos, el lanzamiento del disco grabado por la orquesta de Roberto Firpo se convirtió rápidamente en un éxito comercial y popular sin antecedentes. Debido a esto, un año después se incorporó al sello el dúo Gardel-Razzano, con la perspectiva de dar definitivamente un carácter industrial a la difusión fonográfica de la música argentina.[8]

En este sentido, resulta sumamente interesante apreciar cómo el desarrollo de la música típica de la ciudad de Buenos Aires y de su intérprete por antonomnasia cifra los procesos de convergencia de las distintas IC y la "globalización" de los contenidos culturales.

De hecho, en las circunstancias de aquella primera grabación fonográfica realizada en la Argentina podemos encontrar una metáfora anticipatoria de las interrelaciones originales entre las distintas industrias culturales, puesto que la grabación de la orquesta de Firpo se llevó a cabo en un depósito de películas que era propiedad de los dueños de la incipiente

[7] Carlos Ulanovsky, en: *Días de Radio. Historia de la Radio Argentina.*
[8] Francisco García Jiménez, *El Tango. Historia de medio siglo. 1880/1930.*

empresa discográfica, los hermanos Glüksmann –quienes por entonces se dedicaban "a lo grande a la introducción de cintas cinematográficas y su exhibición"[9]–, y cuyos estudios fueron instalados unos pocos años más tarde en los altos de un cine, el Gran Splendid, que también les pertenecía.

Más allá de lo anecdótico, lo cierto es que el auge de la música popular ciudadana estuvo íntimamente ligado a otras industrias culturales, entre ellas el cine, con la aparición del cinematógrafo y la actuación en vivo de las "orquestas típicas" en las salas durante la década del veinte y, a partir del cine sonoro en los años treinta, con la producción de películas cuya temática giraba alrededor del tango[10] y sus figuras más destacadas, especialmente, por supuesto, la de Carlos Gardel.

Esta poderosa sinergia suscitada por el tango se extendió velozmente a una tercera actividad: la radiofonía. Así, en los años veinte, a pesar que las compañías discográficas consideraban que la difusión radial de sus productos repercutía negativamente sobre las ventas de los discos, en la medida en que la música popular iba desplazando a la clásica en la programación radial el público asistente a los teatros y las confiterías bailables pedía cada vez más y con más entusiasmo que se pasaran los temas y las versiones de los cantores que ya habían escuchado por la radio. Definitivamente, la introducción del cine sonoro "renovó el interés popular por el otro mundo del sonido: el de la radio (…) Los ídolos de la radio empezaban a tener cara, imagen, palabras y movimientos, todo en pantalla grande".[11]

Y no fue otro que Carlos Gardel el símbolo más nítido de esa confluencia temprana de la radio, los discos y el cine alrededor del tango. Estas tres industrias representaron los "tres poderosos aliados con que contó Gardel para aumentar su éxito sensacional".[12] La fórmula cine sonoro más tango se convirtió inmediatamente en una sólida base para la producción cinematográfica nacional y, como resaltan Perelman y Seivach en su estudio sobre la industria del cine en la Argentina, ese encuentro fue en gran medida responsable "de la importante proyección que el cine argentino logró en

---

[9] Ibidem.

[10] La primera película sonora se llamó "Tango" y se trata de una especie de "estelar y prolongado video clip en donde desde un débil hilo argumental se exaltaba a la música típica", escribe Carlos Ulanovsky.

[11] Ibidem.

[12] Ibidem. Cita de "Buenos Aires se divierte", del historiador Oscar Troncoso.

el mercado latinoamericano, y tuvo un innegable impacto en la propia difusión del tango en toda la región".[13]

En consecuencia, no es exagerado afirmar que Gardel fue uno de los primeros artistas "mundializados". En este sentido, el ensayista Sergio Pujol entiende que la justa valorización del significado sociocultural de Gardel es la que realizó el historiador británico Simon Collier –autor de una de las mejores biografías sobre el músico y cantante–, quien afirma que "a Carlos Gardel debemos ubicarlo en un mismo nivel con Maurice Chevallier, Al Jolson y Bing Crosby, todos ellos emergentes de una sociedad de masas que asiste a un proceso de acelerada internacionalización y comercialización que somete a sus productos a la gratificación de vastos sectores de la población mundial".[14]

Según se consigna en una biografía de Carlos Gardel[15] de reciente publicación, el cantante, advertido sobre la veloz transformación de los medios de comunicación, buscó insertarse en el mercado mundial cuando ya era una figura de relieve en Francia y en Latinoamérica. El objetivo de Gardel era conquistar el cine y el mercado anglosajón, y para eso le resultaba imperativo ir a los Estados Unidos, dueños y regentes del negocio del cine mundial. El vívido relato de Osvaldo y Julián Barsky muestra hasta qué punto Gardel era un notable empresario de sí mismo y cómo, tras una dura serie de negociaciones con la empresa estadounidense Paramount para filmar dos películas, terminó formando la compañía independiente Éxito Producciones y se convirtió en socio de la Paramount. Gardel jamás aceptó ser un asalariado.[16]

## Crecimiento y crisis

Ciertamente existe una relación directa entre el nivel de desarrollo social, cultural y económico de la Argentina y el auge y retroceso de sus "industrias culturales".

[13] En Pablo Perelman y Paulina Seivach. Ibidem.
[14] En portal web *TodoTango* se reproduce articulo de Sergio Pujol publicado originalmente en el diario *Clarín* el 27 de noviembre de 1990. Ver: www.todotango.com/spanish/gardel/
[15] Osvaldo Barsky y Julián Barsky, en: *Gardel. La biografía.*
[16] O. B. y J. B., en: "Carlos Gardel: el arte más fuerte que el mito", nota publicada en el diario *Clarín* el lunes 20 de junio de 2005, y también entrevista a los autores en www.gardelbiografia.com.ar

Como hemos visto, el crecimiento económico, demográfico y urbano de fines de siglo XIX y comienzos del XX, sumados a las políticas públicas de alfabetización, crearon las condiciones necesarias para establecer la producción cultural a nivel masivo y ver surgir una nueva clase de público consumidor. Posteriormente, el ascenso social y cultural de grandes masas de la población a partir de las décadas del 40 y el 50 –fenómeno que, con altibajos, hubo de prolongarse hasta mediados de la década de 1970– coincidió, y no por casualidad, con lo que podríamos considerar el período de esplendor de las IC locales.

La industria del libro, por ejemplo, tuvo su mayor índice de crecimiento entre los años 30 y 60, cuando en menos de tres décadas la cantidad de títulos publicados se multiplicó por cinco y el volumen de las tiradas por más de diez.

Según Octavio Getino, este aumento fue consecuencia no sólo de las políticas de alfabetización, sino especialmente de las medidas de fomento industrial, sustitución de las importaciones y desarrollo social –esto último vinculado a una situación cercana al pleno empleo y una importante mejora en el poder adquisitivo del salario–. Fue, dice el autor, "precisamente a fines de la década del 40 e inicios de la del 50 –un período de fuerte desarrollo industrial, educativo y social– cuando la industria del libro experimentó, en términos relativos, su momento de mayor auge".[17] Así, la producción de libros en la Argentina llegó a ser entre los años 50 y mediados de los 60 nada menos que la mitad de todos los libros publicados en idioma castellano en el mundo.[18]

Pero al promediar la década del 60 la industria editorial argentina comenzó a ver menguada su capacidad productiva y exportadora, iniciándose un proceso de estancamiento gradual –que se arrastra hasta la actualidad– en el que paralelamente a la pérdida de la capacidad de llegada de los libros nacionales a los mercados de habla hispana se dio un marcado crecimiento productivo y exportador en las industrias de otros países, como España y, más tarde, México y Colombia, que desde entonces habrían de liderar los mercados de Latinoamérica.

---

[17] Octavio Getino, Op. cit.
[18] Ibidem.

Entre las razones que podrían explicar esa declinación se encuentran la inestabilidad económica y social –cuyos efectos se hicieron sentir sobre el poder adquisitivo de la población–, el retraso en la actualización tecnológica del sector gráfico, y una tercera quizás más contundente y dramática: el opresivo clima de represión y censura que tuvo lugar en distintos momentos políticos de la Argentina, especialmente durante la última dictadura militar.

Para el escritor y editor Edgardo Russo, "el huevo de la serpiente fue el golpe militar de Onganía en 1966, y su eclosión monstruosa el golpe de Videla en 1976, con su 'oscura noche del alma' de la que todavía, tres décadas después del final, no terminamos de despertar".[19] Asimismo, Russo recuerda oportunamente que buena parte de la producción de los sellos independientes –como Jorge Álvarez, De la Flor, Fausto y Siglo XXI– surgidos en los años 60 y 70 y promotores de catálogos de una altísima calidad, que competían y ampliaban las propuestas más conservadoras de los grandes sellos –como Sudamericana, Emecé y Losada– terminó en el fondo del Río de la Plata, al igual que los desaparecidos, o bien fue quemada o enterrada.

Una vez más en la historia, la política del terror transformó al libro en un objeto "peligroso". Al respecto, Russo advierte que la transmisión inconsciente de esa demonización es un fenómeno difícil de medir al evaluar un proceso tan complejo como la "crisis del libro", pero que no debe ser pasado por alto si queremos analizar en profundidad el desarrollo de una industria cultural que requiere, más allá de la lógica económica de cualquier emprendimiento empresario, de amplios márgenes de libertad para la circulación de ideas y autores.

En este sentido, no deja de ser sintomático que los momentos de progreso y retroceso en la edición de libros en la Argentina tenga puntos de contacto con los diferentes escenarios –de libertad o represión ideológica y social– presentes a lo largo del siglo XX, tanto en nuestro país como en otros de Iberoamérica. Para datar parte del proceso, digamos que una etapa de auge en la producción nacional se abrió con la llegada de muchos editores españoles exiliados tras la Guerra Civil –con su contribución a la

---

[19] Ponencia del editor Edgardo Russo en el Encuentro Internacional "Pymes de la Cultura. El desafío de la competitividad", organizado por el Observatorio de Industrias Culturales. Buenos Aires, 8 y 9 de noviembre de 2005.

industria local– y se cerró con los ciclos represivos de las dos últimas dictaduras argentinas, mientras que en España se iniciaba la recuperación democrática y, con ella, la recuperación del sector editorial.

En cuanto a la industria cinematográfica, su consolidación en la década del 30 inauguró la así llamada "edad de oro" del cine nacional, que se extendió hasta mediados de los años 50. En 1942 se realizaron 52 largometrajes, cifra récord hasta la autarquía del INCAA, producto de la solidez de una industria con ya una década de vida y una treintena de estudios asentados principalmente en la ciudad de Buenos Aires, que empleaban aproximadamente a 4000 personas.[20]

Si bien esta industria, como las demás, sufrió a lo largo de los años las contingencias económicas, políticas y sociales que afectaron al país en su conjunto, desde la sanción de la primera reglamentación proteccionista en 1944 este sector cuenta con un "reconocimiento privilegiado dentro de la legislación nacional" que le ha permitido ser sujeto de "asistencia pública económica financiera",[21] y por ende de una cierta garantía de sustentabilidad. Esto permitió que la producción nacional alcanzara, en el período 1933-2004, un promedio anual de 31 películas estrenadas.[22]

Lo que no significa que no haya habido fuertes altibajos vinculados a situaciones políticas: una de las caídas más pronunciadas en la producción se dio tras el golpe militar de 1955 y la derogación que la así llamada Revolución Libertadora hizo de la cuota-pantalla –que pasó de 40 a 12 películas en 1956–, mientras que un punto de inflexión positivo fue la creación del Instituto Nacional de Cinematografía en 1994 por parte del gobierno democrático, que permitió una recuperación parcial de la producción de cine argentino.

La "primavera política" de 1973 y 1974 y la vuelta de la democracia en 1984 fueron un escenario privilegiado para la expansión creativa y productiva del cine local, que se recuperó entonces de la oscura era de la dictadura y su pobreza artística, aunque brevemente, ya que hacia finales de los años 80 hubo un languidecimiento que desembocó en la peor crisis

---

[20] Pablo Perelman y Paulina Seivach, op. cit.

[21] Ibidem.

[22] Son en total 2265 las películas estrenadas entre 1933 y 2004. Fuente: Biblioteca, Centro de Documentación y Archivo del INCAA.

para el cine nacional, que se prolongó entre 1989 y 1994 como consecuencia de una crisis económico-social de gran magnitud. Habría que esperar entonces hasta la sanción de la Ley del Cine en 1994 para encontrar otro punto de inflexión positivo en favor de la industria audiovisual.

Por su parte, la televisión en la Argentina tuvo su origen en relación al Estado, cuando el 17 de octubre de 1951 se realizó la transmisión de los actos del Día de la Lealtad del partido peronista desde Plaza de Mayo. A partir de esa fecha, el partido gobernante pasó a dirigir el recientemente creado Canal 7, salvo por un período –no muy extenso– en el que se lo privatizó[23].

Pero con el régimen militar que desplazó al gobierno constitucional del Gral. Perón, el Canal 7 volvió a manos del Estado y se crearon tres nuevas señales, que fueron licitadas a sociedades privadas. A pesar de que la ley no admitía la participación de capitales extranjeros, esta etapa inicial de gestión privada estuvo vinculada a las grandes cadenas televisivas estadounidenses, que eludieron el texto de la ley mediante la figura de "productora asociada", garantizándose el control total de los canales y su programación y asegurándose así la apertura del mercado argentino para sus propios productos.

## Panorama reciente

Los procesos de convergencia tecnológica y la creciente importancia económica y simbólica de las actividades culturales influyeron para que a partir de la década del 80 la articulación de industrias y sectores productivos a nivel mundial fuera cada vez más fluida. En nuestro país, este fenómeno produjo, durante los años 90, profundas transformaciones en cada una de las actividades vinculadas a las IC. Así, más allá de las particularidades propias de los diferentes sectores, hacia el final de la década observamos la emergencia de:

1. La concentración en casi todas las cadenas productivas y de comercialización de las IC;
2. El ingreso de los principales actores transnacionales y la parcial desnacionalización las IC; y

[23] Omar Lavieri, Desarrollo de la TV en la Argentina. Vacchieri, Ariana (comp.) *El medio es la TV*, Buenos Aires: La marca, 1992.

3. La modernización tecnológica de las IC que genera una balanza comercial fuertemente negativa.

Los procesos de concentración se dieron tanto en sentido horizontal, esto es: en el mismo eslabón de la cadena productiva –por ejemplo: un propietario de un canal de televisión que adquiere otro canal–, como en sentido vertical, con la finalidad de controlar distintos sectores –como en el caso del propietario de un diario que adquiere una agencia de noticias y una productora de papel– en pos de agruparlos bajo un mismo gerenciamiento o *holding*.[24]

Del análisis detallado por sectores, la televisión puede ser tomada como ejemplo paradigmático de concentración, dado que de las señales de aire cuatro grupos controlan hasta el día de hoy la totalidad de los canales y más del 50% del total de emisoras de todo el país, y de las de cable (aunque existían unos 500 operadores en todo el territorio) dos empresas acaparan a más del 70% de los abonados.

No en vano, este proceso fue contemporáneo a una política de comunicación definida y derivada de las políticas económicas de orientación neoliberal vigentes en esa década. En este sentido, investigadores de la comunicación como Guillermo Mastrini y Martín Becerra, entre otros, aseguran que no hubo un Estado ausente, sino que, detrás del argumento de la "desregulación" se dio lugar a un proceso de "re-regulación" que se materializó en una fuerte centralización del capital, una desnacionalización parcial de la propiedad y en una expansión sin precedentes de los mercados publicitarios.[25]

Los principales motores de esta política fueron la privatización de casi todos los medios de comunicación (televisivos y radiales), antes en manos del Estado, y la Ley de Reforma del Estado promulgada en agosto de 1989, que permitió flexibilizar muchos aspectos clave de la Ley 22.285 de Radiodifusión, entre ellos los que impedían la constitución de conglomerados multimedios.[26]

---

[24] Para el análisis de estos procesos de conglomeración de las IC en la Argentina, ver "La concentración de las Industrias Culturales", de Martín Becerra, Pablo Hernández y Glenn Postolski, en *Industrias Culturales: mercado y políticas públicas en la Argentina* (2003).
[25] *Mucho ruido, pocas leyes. Economía y políticas de comunicación en la Argentina (1920-2004)*. La Crujía Ediciones. Guillermo Mastrini (editor). Argentina. 2005.
[26]Así se eliminaron las restricciones que disponían un limite de tres licencias de radio o

En palabras de Washington Uranga, lo que faltó fue "una política de comunicación encarada desde la perspectiva del servicio público, que atienda a los intereses del conjunto de la sociedad y construya a partir de la escucha y la participación de actores plurales y diversos".

En lo que toca al sector editorial, hacia el final de la década se evidenció un alto grado de concentración y extranjerización, producto de la venta de muchas de las empresas editoras, varias de ellas de larga proyección y prestigio a nivel local.

Así, los años 90 pusieron en crisis la lógica del negocio de tradición familiar y de las grandes empresas nacionales, y la reemplazaron con los imperativos de los grupos transnacionales escudados bajo el formato de la sociedad anónima y el argumento de que la producción y la comercialización se simplifican si están a cargo de un único actor. Además de la notable disminución en la producción de libros de autores argentinos y lationamericanos, un rasgo saliente de esta época fue la introducción de nuevas estrategias de venta –con un mayor énfasis en el mercadeo y el *packaging* del objeto libro– y nuevos canales de comercialización, como supermercados y grandes cadenas de librerías.

En el sector cinematográfico, las transformaciones operadas también tuvieron que ver con la aparición de grandes grupos multinacionales de distribución y exhibición que concentraron y monopolizaron los procesos internos a la industria.

Durante la década del 80 y principios de la del 90 la asistencia a los cines se vio amenazada por el aumento en el alquiler de video hogareño y la difusión de la televisión por cable. La aparición del reproductor hogareño de video y de los videoclubes más el espectacular crecimiento de la televisión por cable generaron cambios en los hábitos de consumo del cine tan profundos que condujeron al cierre de un gran número de salas, con todo lo que esto significa en términos culturales y sociales.

Sin embargo, a mediados de la década del 90 hubo una parcial recuperación de la concurrencia a los cines debido a "cierta saturación en el uso de video y el cable, y a que maduró un proceso de renovación de la exhibi-

---

televisión a una misma persona física o jurídica ó la participación en medios audiovisuales de empresas de medios gráficos.

ción cinematográfica que se había iniciado unos años antes".[27] Los protagonistas de ésta era fueron los complejos multisalas y las pantallas en los *shoppings*, nuevos actores trasnacionales cuyo crecimiento fue directamente proporcional al fracaso de las salas tradicionales.

En cuanto a la distribución, dependía casi totalmente de cinco distribuidoras extranjeras –casi todas ellas filiales de productoras de origen estadounidense– que en el año 2002 pasaron a manejar cerca del 75% del mercado.[28]

Las consecuencias de esto en relación a la diversidad de contenidos es evidente. Como ocurre en las pantallas cinematográficas de todo el mundo, en la Argentina las producciones estadounidenses ocupan alrededor del 80% de las mismas. Sin embargo, luego de una larga lucha por parte de los sectores más progresistas de la industria, en 1994 se sancionó la ley de Fomento al Cine, que estableció una política de subsidios a la producción cinematográfica local que ayudó a revitalizar el escenario y las esperanzas locales.

El sector fonográfico, por su parte, no fue ajeno a los procesos de concentración multinacional que marcaron a las IC durante los últimos veinte años. Cuatro compañías (Sony-BMG, WEA, EMI-Odeón y Universal) dominan en la actualidad aproximadamente el 80% del mercado mundial y argentino del disco. En lo que respecta a la comercialización, tal como ocurrió con las librerías y las salas de cine desaparecieron muchas disquerías barriales a causa de la aparición de las grandes cadenas que, asociadas a los capitales trasnacionales, concentran hoy cerca del 80% de las ventas del sector.

Estas transformaciones en los modos de producción y comercialización de los distintos bienes culturales tienen un costo adicional, difícil de medir pero altamente significativo, que es la desaparición en varias localidades del país y en muchos barrios de las grandes ciudades del entramado social y cultural que generan las librerías, las disquerías y los cines locales.

---

[27] "La Industria cinematográfica en la Argentina: entre los límites del mercado y el fomento estatal", Pablo Perelman y Paulina Seivach, CEDEM, GCBA, diciembre de 2003.
[28] Se trata de UIP (Universal-Paramount), Buena Vista-Disney, Warner, Fox y Columbia. En "La Industria cinematográfica en la Argentina: entre los límites del mercado y el fomento estatal", Pablo Perelman y Paulina Seivach, CEDEM, GCBA, diciembre de 2003.

Pero para completar la semblanza de las IC durante la última década del milenio es necesario analizar también la situación del comercio exterior:

El déficit de la balanza comercial del conjunto de las industrias culturales en el año 2001 fue de cerca de U$S 800 millones, y el déficit acumulado durante la década del 90 fue de alrededor de U$S 13 mil millones.[29]

El análisis de estos datos revela que uno de los puntos de mayor debilidad de las IC locales radica en su dependencia de ciertos insumos que la Argentina no produce, especialmente en el sector audiovisual.

Asimismo, de acuerdo a estos datos, uno de los factores con mayor potencial para las exportaciones de las IC se encuentra en las industrias de contenido propiamente dicho –dentro de las que se destacan las del complejo editorial–. De hecho, hacia el año 2000, el editorial era el único sector de la cultura con alguna incidencia en el total de las exportaciones del país. El rubro "Libros, folletos e impresos similares y diarios y publicaciones periódicas" representaba entonces el 0,3% del total de las exportaciones de ese año, importancia que se realza al observar que significa más de la mitad (el 52,4%) del total exportado por las Industrias Culturales en ese mismo período.

Recordemos aquí que el nomenclador de comercio exterior no mensura aquellos movimientos que no tengan un soporte material como los bienes y los productos y que, por lo tanto, los indicadores relativos a los diversos servicios culturales no se registran a nivel nacional. Por dar un ejemplo, del sector audiovisual sólo queda registrada la exportación de cintas pero ningún dato adicional en referencia a las transacciones en materia de derechos.

Esto abre un gran interrogante con respecto al futuro de los registros y su funcionalidad en la balanza comercial, dado que con el advenimiento de las tecnologías digitales –que marca un cambio radical de paradigma en la producción de las IC "desmaterializando" las obras– se abre todo un nuevo escenario en términos de los derechos de autor, las condiciones de producción y circulación de los bienes culturales nacionales, y su incidencia –y clasificación– dentro de los índices de producción de los países.

---

[29] OiC (Observatorio de Industrias Culturales de la Ciudad), a partir de datos del INDEC.

## Oportunidades

No obstante lo pasado, en la Argentina post-devaluación de nuestros días puede vislumbrase un contexto que, tras la profunda crisis del 2001-2002, trae nuevas esperanzas a la producción cultural. La recuperación parcial de los ingresos de la población desde el 2003 en adelante y el escenario macroeconómico favorable a una mejor inserción de nuestros bienes y servicios culturales en los mercados externos permiten planear y poner en marcha ideas y proyectos con perspectivas bien distintas a las de la década del 90 y de principios del milenio.

Aunque el conjunto de la economía local enfrenta desafíos estructurales tras la caída de la convertibilidad, hay también mejores condiciones para la producción industrial en general –que creció 10,7% en 2004, un índice superior al del PBI, cuya tasa fue del 8%–, lo que repercute directamente en todo el espectro de las industrias del contenido, como las IC, el desarrollo de software y el diseño, todos sectores en los que la Argentina posee excelentes recursos técnicos y creativos.

Tras varios años de recesión, el 2003 marcó la recuperación de las industrias culturales en el mercado interno, con una reversión generalizada de las caídas y una perspectiva de futuro crecimiento. En cuanto al mercado externo, la devaluación generó *per se* una mayor competitividad para la economía argentina, lo que favorece una mayor presencia de nuestra producción cultural en el mundo, lo que requiere, para su concreción y sustentabilidad, de un esfuerzo conjunto de las políticas y estrategias privadas y públicas. Y en este nuevo marco es fundamental una mayor participación de las PyMEs culturales para que haya un desarrollo más equilibrado del sector y, al mismo tiempo, exista un reaseguro para la diversidad de contenidos.

A pesar de los procesos de concentración de las últimas décadas, el peso de las PyMEs en el conjunto de la actividad cultural en la Argentina no era menor: en el año 2000, el 95% de los actores significativos del sector eran pequeñas y medianas empresas. Otra muestra del peso de las PyMES dentro del conjunto de las IC es que cerca del 60% del empleo formal –y algo más del 80%, si consideramos el informal– que generan las mismas dependen de las pequeñas y medianas empresas.[30]

[30] Fuente: OiC –Observatorio de Industrias Culturales de la Ciudad de Bs. As–.

Dentro del sector editorial, por dar un ejemplo, es destacable cómo, a pesar de las sucesivas crisis, un número importante de pequeñas y medianas empresas editoriales locales han sabido encontrar recursos para su continuidad y han creado así una cierta tradición basada en su presencia en el mercado. Durante estos años, simultáneamente al proceso de concentración, "se constituyeron una cantidad apreciable de nuevas firmas, muchas de ellas con ediciones orientadas a segmentos cortos de lectores, con un alto grado de especialización temática y calidad editorial".[31] Y a partir del año 2003, muchas editoriales pequeñas que durante la crisis prácticamente no habían tenido actividad reingresaron al mercado y que editaron novedades con tiradas cercanas al mínimo técnico (de 1.000 a 1.500 ejemplares).

Según un trabajo reciente del CEP[32] (Centro de Estudios para la Producción, dependiente del Ministerio de Economía), el 86% de las empresas que integran el sector facturan menos de 10 millones de pesos anuales (siendo éstas todas PyMES) y sólo el 14% supera dicho monto. Este mismo estudio observa también que las empresas que superan la facturación de 10 millones de pesos por año concentran cerca de tres cuartas partes del mercado y aportan el 45% de los títulos publicados, lo que pone de manifiesto que las grandes editoriales dominan un espectro mucho más amplio del mercado con una cantidad menor de títulos compartivamente a las editoriales pequeñas y medianas. De esto se deduce claramente que las empresas editoriales de menor tamaño son las que aseguran una mayor diversidad de contenidos culturales, esto es: temas, tratamientos y autores. Si consideramos además que, como consta en este estudio, las PyMEs editoriales generan casi el 60% del empleo del sector, queda demostrado que el subsector de las pequeñas y medianas editoriales juega un papel clave como dinamizador en un sentido doble: en cuanto a los contenidos y el empleo.

En el sector discográfico, una investigación reciente del OiC (Observatorio de Industrias Culturales de la Ciudad de Bs. As.)[33] relevó la existencia de cerca de 70 sellos "independientes" en la ciudad de Buenos Aires que, además, retienen una proporción del mercado nacional bastante mayor de

[31] Fuente: "Diagnóstico FODA del Subsector Libro", Foro Nacional de Competitividad de Industrias de Base Cultural, Secretaría de Industria, Comercio y Pyme, Ministerio de Economía, 2004.
[32] "La Industria del Libro en la Argentina", Síntesis de la Economía Real N° 48. CEP, Ministerio de Economía, Abril 2005.
[33] Referencia al trabajo.

lo imaginable: cerca de un 25%. Si sumáramos a esto la cantidad de sellos locales en actividad en ciudades como Rosario, Córdoba y Mendoza, entre otras, podremos apreciar el peso real de los pequeños y medianos sellos discográficos en la Argentina y la particular relación de fidelidad y calidad que mantienen con sus mercados, aspectos sobre los que todavía falta un estudio exhaustivo y lo suficientemente actualizado.

Gracias a la continuidad de la política de fomento desarrollada por el INCAA, la producción cinematográfica local sostiene un volumen importante de rodajes por año. Tras el impulso logrado en 2003 –en buena medida consecuencia del otorgamiento de la autarquía al Instituto Nacional del Cine (INCAA)–, que significó un crecimiento del orden del 100%, en el año 2004 la producción se estabilizó en 69 largometrajes materializados (dos más que el año anterior). Por otra parte, en 2004 y 2005 llegaron a estrenarse más de 60 películas nacionales –pensemos que en 2003 cincuenta estrenos argentinos se presentaron en pantalla–, alcanzando así un nivel de realización y estreno notable en términos históricos.[34]

Como contrapartida, y en directa relación con el monopolio de los circuitos de distribución y exhibición, el cine de origen estadounidense mantiene su predominio, acaparando, en 2005, dos terceras partes de los espectadores cinematográficos. En consecuencia, las filiales locales de los grandes estudios de Hollywood –como Warner Bross, Columbia/Tri Star, UIP, 20th. Century Fox y Buena Vista Internacional– se alzaron con el 85,8% de las entradas del mercado, mientras que las dos principales distribuidoras nacionales obtuvieron el 11,4% y el 2,8% restante se repartió entre una decena de pequeñas empresas locales.[35] Así, el sector audiovisual en general y el del cine en particular demuestran que un factor fundamental a la hora de considerar la circulación cultural es el dominio del mercado por parte de unos pocos actores y su costado negativo: la falta de acceso a los grandes circuitos de difusión, distribución y comercialización de una gran parte de las producciones.

Retomando en este punto el aporte de las PyMEs al conjunto de las IC, y no obstante el despliegue de una gran actividad, debemos estar alertas sobre su participación en la facturación, que es sensiblemente menor: en-

[34] Teniendo en cuenta que el cine argentino, en su época de esplendor en los años cuarenta y cincuenta, produce una media de 50 largometrajes al año.
[35] *La Nación*, 03-01-05, sobre la base de información de Nielsen EDI Argentina y Dis-service.

tre el 30% y el 70% del total, según el sector que se trate. Cifras que, sin ser despreciables, no se corresponden con su contribución al total de empresas, de más del 90%.[36]

La concentración de un amplio espectro del mercado por parte de unos pocos actores puede significar un riesgo para la libre oferta y consumo de contenidos verdaderamente diversos y, por ende, para la posibilidad de producir y volver accesibles relatos y perspectivas propias sobre nuestras realidades sociales. Pero aún en estas condiciones las manifestaciones culturales locales y regionales se sostienen merced a la enorme importancia identitaria del idioma, la necesidad social de contar relatos de propia raigambre y, en algunos casos, por el desarrollo de políticas públicas que favorecen su desarrollo.

Por ello la intervención del Estado es vital. El esencial que el Estado acompañe y fortalezca este proceso de resistencia cultural al monopolio y al centralismo, ya que su rol es precisamente generar y sostener las condiciones de crecimiento en equidad para la multiplicidad de los actores privados, asegurando el equilibrio y la diversidad inherentes a la cultura democrática y las identidades locales.

[36] Observatorio, elaboración propia en base a información suministrada por la DiNUE (Dirección Nacional de Unidades Económicas) del Ministerio de Economía. Datos del año 2000.

# Capítulo 4
# Las industrias culturales en la globalización

La articulación de globalización, integración regional y diversidad cultural se ha convertido en un asunto crucial tanto en los debates sobre políticas culturales como en las agendas de negociación comercial entre los distintos países.

Con la uniformización que acarrea la globalización en el consumo de bienes y servicios culturales, hoy es imperativo sostener y desarrollar polos regionales de producción, de manera de garantizar una auténtica diversidad de contenidos en la circulación cultural a nivel mundial.

Cada vez resulta más notable la necesidad de "imprimir" lo local en lo global, de crear atajos en el mapamundi, porque de lo contrario se corre el serio riesgo de atentar contra la riqueza de las culturas y las identidades particulares.

Sobre este punto, lo que se pueda definir desde una perspectiva regional es clave, ya que seguramente será más efectivo en términos de impacto y de significación que cualquier otra estrategia unilateral e, incluso, bilateral.

Las concertaciones regionales en el campo de las IC pueden ser una vía lícita y efectiva para hacer frente a los grandes conglomerados de la comunicación que, en pos del capturar los nuevos mercados de la cultura y el ocio, aplican estrategias de comercialización internacionales en la difusión de productos lo suficientemente híbridos como para ser resistentes a los complejos procesos de asimilación que se dan en cada rincón del planeta.

Además, es importante no perder de vista que la economía mundial tiene en las industrias culturales mucho más que un recurso para moldear los imaginarios sociales. Como señalamos ya, el volumen de capitales, las balanzas comerciales y el impacto a nivel de la economía y el empleo que las IC generan son un factor determinante de su potencialidad no sólo simbólica, sino también empresarial. De modo que, a la luz de estos dos aspectos, es evidente hasta qué punto las IC son, en la actualidad, recursos de un altísimo valor estratégico para el desarrollo de las naciones y los procesos de integración regional en varios sentidos. (Precisamente, no es casual que el proceso de globalización que impulsa agresivas políticas de liberalización comercial otorgue un lugar de privilegio, entre sus objetos de intercambio, a los productos culturales.)

Por más que una liberalización total en la circulación de los bienes culturales puede ser interpretada como una medida positiva –en la medida que permitiría un contacto más estrecho entre las culturas del mundo–, a partir de las condiciones dadas en cuanto a la propiedad de los medios de circulación y exhibición y a las desigualdades en la capacidad productiva y el poder de *lobby* entre los países, esta intención queda reducida a una suerte de utopía, un sin-lugar. Y al fin, asistimos de testigos a un proceso de mundialización de una determinada cultura, en desmedro de las otras.

Los datos sobre la distribución de las ganancias surgidas de la comercialización mundial de bienes culturales y comunicacionales son elocuentes: Estados Unidos recibe el 55%, la Unión Europea el 25%, y Latinoamérica el 5%, sin obstar el hecho de que el español es la tercera lengua mundial por número de hablantes.

Las ventajas y desventajas comparativas de algunos países desarrollados y el (sub)desarrollo relativo de otros se reproduce al compás del crecimiento del sector, que no es menor. Para la UNESCO, por ejemplo, las Industrias Culturales son unas de las de mayor crecimiento a escala mundial, estimándose un promedio anual del 7% entre 2000 y 2005.

Por otra parte, el comercio mundial de bienes culturales –cine y fotografía, equipos de radio y televisión, documentos impresos, literatura, música y artes visuales– se sextuplicó, pasando de $95 mil millones en 1980 hasta más de $600 mil millones en 2003[1] (sin contar las NTCI).

---

[1] Los datos del 2003 son elaboración OIC tomando como fuente al portal de estadísticas de Naciones Unidas.

La discusión a nivel internacional –donde se incluyen las negociaciones comerciales en el ámbito de la OMC y las políticas que emanan de tratados regionales como el ALCA, el MERCOSUR, la UE y los tratados bilaterales entre países– está directamente relacionada con la posibilidad concreta de aplicar medidas e instrumentos puntuales –como cuotas de pantalla, programas de apoyo a la producción cultural con contenidos nacionales y regionales, acuerdos de coproducción y codistribución regionales y programas de apoyo a las PyMes culturales–, y juega un rol decisivo en cuanto al establecimiento de un marco regulatorio para la composición accionaria de capitales extranjeros en las IC nacionales.

El resultado de este debate será crítico, puesto que la base de su argumentación es el derecho fundamental de los países a:

a) tener políticas que garanticen un espacio significativo para la/s cultura/s local/es, y
b) diseñar planes e implementar medidas y programas que fomenten la existencia de aquellas IC locales capaces de producir y distribuir satisfactoriamente los contenidos.

## La integración regional

Para ver en detalle cómo se libra el juego que culmina en la inclusión o la exclusión de los productos culturales en la liberalización comercial es relevante apreciar la prioridad que tienen estos temas en las agendas de integración regional. Indudablemente, su presencia indicaría un mayor grado de conciencia por parte de los Estados con respecto a la importancia cultural, política y económica de las IC en el futuro de cada una de las naciones y del conjunto, y su ausencia, un fallo en la visión de la potencia de las IC como factores positivos al desarrollo unificado y, al mismo tiempo, diverso.

En este sentido, y como punto de partida del análisis, es interesante hacer un 'mapeo comparativo' de dos de los más importantes bloques regionales a escala mundial, el MERCOSUR y la Unión Europea:

Mientras que la UE tiene una estructura "supranacional" (es decir: superior a cada uno de los Estados que la integran), el MERCOSUR es una unión aduanera imperfecta de libre comercio intrazona.

Dado que la Unión Europea constituye el mayor y más ambicioso proyecto de integración entre países hasta la fecha, sus objetivos fueron variando a lo largo del tiempo, pasando de la creación de un gran mercado unificado a la constitución de una unión económica y monetaria concreta. En lo que respecta al MERCOSUR, lamentablemente a lo largo de los años no ha logrado superar su etapa de unión aduanera ni ha dado mayores avances a nivel institucional, por lo que deberemos confiar en que en un futuro próximo la voluntad política de sus miembros permita un progreso real en estas áreas.

En cuanto al establecimiento de políticas a largo plazo, la UE ha promovido programas con financiamiento a cuatro años. En el terreno de la cultura, por ejemplo, encontramos a "Cultura 2000" y el "Programa Media"; en el campo de la investigación tecnológica al "Programa Sociedad de la Información" y al "Programa Energía, Medio Ambiente y Desarrollo Sostenible", estos dos últimos en práctica entre 1998 y 2002. Así también, el Programa eContent, con 100 millones de euros para el período 2001-2005, estuvo orientado a la explotación comercial de los contenidos digitales europeos, y los programas de educación y formación artística "Sócrates" y "Leonardo Da Vinci" contaron con un presupuesto total de alrededor de 3500 millones de euros.

El MERCOSUR, en cambio, no cuenta con financiamiento alguno para proyectos del bloque. En el campo cultural, si bien aún no se ha constituido institucionalmente el MERCOSUR CULTURAL se ha creado la RECAM (autoridades cinematográficas), y se sigue realizando periódicamente la Reunión de Ministros de Cultura del MERCOSUR. La XXII y XXIII Reuniones, realizadas en junio y diciembre de 2006, respectivamente, abordaron la participación coordinada en foros internacionales, la ratificación de las convenciones de la UNESCO sobre el Patrimonio Inmaterial y Diversidad Cultural, entre otros temas. Además, establecieron que impulsarán los Sistemas de Información y Cuentas Satélite de Cultura que permitirán evaluar, con parámetros compatibles, la incidencia de la cultura en la economía de los países de la región. También, y con el objetivo de fortalecer la dimensión económica de la cultura, los mandatarios acordaron dar impulso al Sello Cultural del MERCOSUR para facilitar la libre circulación de bienes y productos culturales.

Aquí el problema fundamental es que, si bien hay un avance conceptual, el resultado de estas reuniones nunca llega a formar parte de la agenda política del MERCOSUR y por lo tanto de la verdadera agenda regional. A diferencia de lo que sucede con la Unión Europea el MERCOSUR no cuenta con una estrategia a largo plazo en materia cultural con una verdadera inserción institucional capaz de contener fondos específicos para su desarrollo. La temática cultural queda en manos de estas reuniones especializadas con poca efectividad y concreción. Este no es un tema menor si se tiene en cuenta que toda la problemática vinculada a la concentración en la distribución de contenidos culturales y desarrollo de mercado – siempre vinculado al tema diversidad cultural– sólo puede abordarse desde lo regional.

## Cooperación cultural internacional

Repasemos que sucede, frente a la falta de estrategia regional en el campo de la cultura, en materia de cooperación cultural, dado que la misma puede llegar a ser una de las herramientas para abordar, desde la transferencia de conocimientos o la replicación de políticas un campo de la complejidad de las industrias culturales.

Si la cultura en general es un campo novedoso en materia de cooperación internacional, mucho más lo son aún sus industrias. Si bien es cierto que la cultura para el desarrollo ya está instalada en los discursos de los principales agentes responsables de las agendas de cooperación internacional, en la práctica, son pocos los instrumentos y experiencias existentes en la materia.

Vale la pena hacer referencia al borrador "Estrategia, Cultura y Desarrollo" –que desarrolló la AECI con vistas a su incorporación al Plan Director de la Cooperación 2005-2008–, donde se establece por primera vez que: "La cooperación ha de incidir en aumentar las capacidades para ejercer, con autonomía, la libertad cultural de cada país o comunidad, así como aumentar las capacidades culturales como factor de desarrollo en todas sus dimensiones e impactos". Este caso, que es ejemplo del esfuerzo de incorporar a la Cultura en la agenda de la cooperación española, pone así de manifiesto lo que antes era una omisión.

Otro ejemplo de la ausencia de la Cultura como tema central de la agenda de cooperación entre los países se puede encontrar en la Cumbre del Milenio de las Naciones Unidas, que convocó a tomar medidas para reducir la tasa pobreza extrema a la mitad, en todo el mundo y antes del año 2015.

Con este objetivo, establece prioridades, campos de acción y estrategias, sin hacer mención alguna del rol que la cultura, la diversidad cultural y las industrias culturales podrían jugar en dicha propuesta, la más importante del sistema de UN de las últimas décadas.

Dentro del marco normativo internacional, fue recién en la Conferencia de Políticas Culturales (MUNDIALCULT) que organizó la UNESCO en México en 1982 que se adoptó por consenso una definición de "cultura", si bien casi quince años antes el Pacto Internacional de Derechos Económicos Sociales y Culturales (ACHNUR, 1966) había recogido los derechos económicos, sociales y culturales.

Fue también la UNESCO la que, en 1996, publicó el documento "Nuestra Diversidad Creativa", colocando el respeto a la diversidad cultural en el centro del debate internacional. Dos años después, durante la Conferencia de Estocolmo, se emitió un Plan de Acción sobre Políticas Culturales al Servicio del Desarrollo donde se planteó la necesidad de diseñar y definir políticas culturales como un componente central al desarrollo.

En el año 2003, la UNESCO aprobó la Convención para la Salvaguardia del Patrimonio Cultural Inmaterial y en octubre de 2005 la Convención sobre la Protección de la Diversidad de los Contenidos Culturales y las Expresiones Artísticas, a la que ya nos referimos con anterioridad.

En el ámbito iberoamericano, también en el 2005, la OEI presentó, en la Cumbre de Salamanca la "Carta Cultural Iberoamericana", considerada desde entonces un instrumento de trabajo conjunto para el fomento de la cooperación y el establecimiento de un espacio cultural iberoamericano.

Cabe destacar que esta carta incluye un capítulo especial referido a industrias culturales, de manera inédita, con recomendaciones de acciones específicas. Hasta este documento las menciones a las industrias culturales siempre tuvieron un rasgo difuso y retórico. Aquí encontraremos niveles de referencia al sector como nunca antes se había explicitado.

Podemos afirmar entonces que algunos organismos internacionales como la UNESCO, la OEI y el Convenio Andrés Bello (con sus trabajos de investigación en materia de economía de la cultura) han privilegiado la producción cultural desde el mismo momento de su gestación, posicionando a las IC en el centro del debate entre economía y cultura.

A pesar de no ser un ejemplo "clásico" de cooperación internacional, vale la pena mencionar a la Convención de la UNESCO, en torno a la cual se tejió una red de negociación y cooperación entre distintos países, incluyendo a los distintos sectores involucrados en la producción cultural, en pos de la defensa de la "diversidad cultural".

Otra iniciativa interesante, también propuesta por la UNESCO, es la Alianza Global para la Diversidad Cultural. Creada en el año 2003, cuenta con más de quinientos miembros de casi cien países. Organismos gubernamentales e intergubernamentales, cooperativas de artistas, pequeñas y medianas empresas, multinacionales, representantes del mundo académico, organizaciones de la sociedad civil, todos ellos constituyen una plataforma de cooperación horizontal extendida a lo largo del mundo.

El principal objetivo de los proyectos de la Alianza Global es promover el potencial de las IC locales, ofreciendo respuestas adaptadas a las distintas necesidades que aparecen a lo largo de toda la cadena creativa desde la fase de creación y producción hasta la distribución y comercialización. De este modo, se trata de apoyar especialmente a los países que focalizan sus esfuerzos en el desarrollo y adaptación de las infraestructuras necesarias para la implementación y el crecimiento de este tipo de industrias. Con el foco puesto en la creación de alianzas y redes entre distintos actores fue creada la *Red de Ciudades Creativas*, de la cual Buenos Aires forma parte como "Ciudad del Diseño" desde el año 2005.

La Red pone en contacto ciudades creativas de todo el mundo, con el propósito de favorecer el intercambio de experiencias, conocimientos y formación en estrategias empresariales y tecnologías. Se trata así de impulsar, a escala local, procesos de capacitación que fomenten la diversidad de los productos culturales en los mercados locales e internacionales, la creación de empleo y el desarrollo económico y social.

Como ámbitos especializados, en Iberoamérica conviene destacar la presencia del CERLALC, Centro Regional del Libro de América Latina y el Caribe. Este es un organismo internacional de carácter intergubernamental –creado en 1971 por iniciativa de la UNESCO– que presta asesoría técnica a los gobiernos Iberoamericanos en la definición y aplicación de políticas, programas, proyectos y acciones para la promoción del libro, la lectura y el derecho de autor. En la actualidad, se compone de veinte países de la región Iberoamericana, de lengua hispano-lusitana. La misión del CERLALC es la de promover y desarrollar la creatividad, la producción y la libre circulación del libro en sus diversos soportes y en el marco de los principios de equidad, fortalecimiento de la diversidad cultural y del pensamiento.

Por otra parte, el Convenio Andrés Bello (CAB) es una organización internacional de carácter intergubernamental que busca favorecer el fortalecimiento de los procesos de integración y la configuración y desarrollo de un espacio cultural común de la región Andina. Ha sido pionero en materia de investigación de la economía de la cultura abordando, ya desde inicios del año 2000, temáticas como la contribución de la cultura en todas sus manifestaciones creativas a la vida social, o cómo medir la gestión de las políticas culturales y su impacto en la comunidad.

Otra reciente iniciativa, a la que ya se hizo referencia, es la RECAM, Reunión Especializada de Autoridades Cinematográficas y Audiovisuales del MERCOSUR. Creada en diciembre de 2003 por el Grupo del Mercado Común –órgano ejecutivo del MERCOSUR–, tiene el objetivo de avanzar en el proceso de integración de las industrias cinematográficas y audiovisuales de la región. Su primer producto fue la creación del Observatorio Mercosur Audiovisual, con el fin de obtener, procesar y poner en servicio datos e información del cine de los países miembro, para así contribuir al desarrollo productivo y a la integración de la industria y la cultura audiovisual regional e iberoamericana.

Por último, es interesante citar el caso de Ibermedia. Se trata de un instrumento de gestión, no declarativo, con fondos concretos que se destinan a un sector específico de las industrias: el sector audiovisual iberoamericano.

Este Programa fue creado en noviembre de 1997 sobre la base de las decisiones adoptadas por la Cumbre Iberoamericana de Jefes de Estado y de Gobierno celebrada en Margarita, Venezuela. Forma parte de la política audiovisual de la Conferencia de Autoridades Cinematográficas de Iberoamérica (CACI), y entre sus principales objetivos figuran: promover, mediante la asistencia técnica y financiera, el desarrollo de proyectos de coproducción presentados por productores independientes iberoamericanos; incrementar la distribución y promoción de películas iberoamericanas; y fomentar la formación y el intercambio de los profesionales de la industria audiovisual iberoamericana.

Actualmente, Ibermedia está ratificado por catorce países miembros y observadores de la CACI que financian el Programa: Argentina, Bolivia, Brasil, Colombia, Cuba, Chile, España, México, Panamá, Perú, Portugal, Puerto Rico, Uruguay y Venezuela. Los recursos económicos del Fondo provienen esencialmente de las contribuciones de los Estados miembro y del reembolso de los préstamos concedidos.

Así, Ibermedia financia cuatro programas de ayuda:

- Apoyo a la Coproducción de películas iberoamericanas;
- Apoyo a la Distribución y Promoción de películas iberoamericanas;
- Desarrollo de Proyectos de Cine y Televisión Iberoamericanos; y
- Apoyo a Programas de Formación orientados a los Profesionales de la industria audiovisual iberoamericana.

Para mencionar algunos datos podemos decir que, a nivel del Mercosur, entre 2000 y 2004 Ibermedia apoyó 63 coproducciones entre España y países de esa región por un total de 6,6 millones de dólares (Brasil: 19 proyectos de coproducción; Argentina: 18 proyectos; Chile: 10; Uruguay: 9; y Bolivia: 7).

Como hemos visto en este repaso existen iniciativas por parte de organismos internacionales que apuntan a fortalecer la cooperación en materia cultural. De hecho la misma es cita obligatoria en los discursos de organismos y mandatarios. Pero en la práctica al evaluar los efectos que la cooperación internacional tiene en el desarrollo de la vida cultural observamos que, en materia cultural, no es una prioridad —como resulta del escaso volumen de proyectos, experiencias e instrumentos en curso comparativamente con otras áreas.

Si bien hasta hace muy poco tiempo el objetivo de las políticas y de la cooperación ha sido el acceso a los bienes culturales como derecho social, hoy el dilema se centra en el acceso a la "diversidad cultural". Para ponerlo en términos de Agencia Internacional de Cooperación "la diversidad cultural se ha convertido en un derecho fundamental económico-cultural para el desarrollo humano". En garantía de esto último, el rol del Estado en el desarrollo de las IC locales es clave.

Pero lo cierto es que en un mundo globalizado como el que vivimos, en el que los imaginarios sociales y culturales se configuran de acuerdo a contenidos producidos y puestos en circulación por las corporaciones internacionales, no existe la oportunidad de implementar una verdadera política en materia de cooperación cultural sin tocar intereses poderosos (culturales y económicos), que es necesario identificar y enfrentar para establecer el debido equilibrio en las condiciones de producción y distribución de los diversos contenidos.

El gran desafío de las naciones es intervenir en la red global con contenidos propios, idear mecanismos de cooperación que puedan abordar las desigualdades en materia de producción, circulación y exhibición que se imponen según los países, y superar las desconfianzas y supremacías culturales al interior de los bloques regionales.

Éste es el gran dilema que hoy recorre la relación entre identidad, globalización y concertación regional, donde el desarrollo de las IC locales es absolutamente determinante.

El desafío es ver de qué manera pueden concertarse estrategias de desarrollo de las IC en dos planos: por un lado, en el marco de acuerdos regionales, y por el otro en la aplicación concreta de políticas desde lo local. Lo que no se haga desde lo local difícilmente podrá afianzarse en lo regional, y lo que no se concerte desde lo regional seguramente no tendrá impacto en lo global.

# Capítulo 5
# Diversidad cultural

Puesto que remite a asuntos esenciales a las políticas culturales en general y a las de las IC en particular, el concepto de "diversidad cultural" merece un análisis exhaustivo. Ya que a lo largo de la última década la "diversidad cultural" ha sido atravesada por un amplio conjunto de saberes y prácticas provenientes de las disciplinas más dispares, es necesario hacer un planteo de situación que ponga de manifiesto las herramientas teóricas y técnicas en juego.

No resulta sorprendente que hoy la diversidad cultural pueda abarcar un espectro de definiciones que se extiende desde la concepción "clásica" –en la que es entendida en función de la "variedad" y la "otredad"–, pasando por la netamente antropológica del multiculturalismo, hasta la que la pone en relación directa con el concepto de "biodiversidad" derivado de la ciencia. Las condiciones de posibilidad de esto se encuentran en su misma denominación, en la neta operatividad de la categoría en más de un campo, y al fin en el dinamismo de los fenómenos sociales y culturales que involucra.

Así, asistimos actualmente a la utilización del concepto de "diversidad cultural" tanto para definir cuestiones vinculadas al patrimonio edilicio urbano como para establecer las posiciones que deberían adoptar los países en las rondas de negocios internacionales.

Pero si bien la polisemia del término y las múltiples alusiones que suscita son factores clave para su progreso, lo cierto es que esta "diversidad de diversidades" podría restarle densidad política a aquella "diversidad cultural" que se origina en el concepto de "excepción cultural". Y aunque parezca contradictorio, hoy cobra más importancia que nunca delimitar cierta especificidad del término.

El contexto actual de liberalización de los mercados a nivel global, la caducidad de la medida de "excepción cultural" y la redacción de un instrumento internacional en el marco de la UNESCO son las señales que apuntan hacia una urgente toma de decisiones y posiciones por parte de los distintos países. En este marco, precisamente, es donde se torna imprescindible precisar y acotar un concepto de diversidad cultural capaz de evidenciar las consecuencias que estos factores tendrán en el futuro de las industrias culturales locales y, al mismo tiempo, servir al óptimo desarrollo de las mismas.

## Excepción cultural

Para los actores más comprometidos en el campo de las IC, la "diversidad cultural" remite inmediatamente a las negociaciones que en la Organización Mundial del Comercio (OMC) tratan la liberalización comercial de los bienes culturales. Su primer antecedente fue el término de "excepción cultural" enarbolado por los franceses en 1986, y su debate hace referencia, en definitiva, a la necesidad de establecer parámetros de equilibrio en la circulación de los contenidos culturales a nivel mundial y, en ese sentido, de poner reparos a la inclusión de los bienes culturales en las agendas de liberalización comercial.

No en vano, al percibir una amenaza hacia su industria audiovisual, los Estados Unidos impusieron un coto a las discusiones y se abstuvieron de firmar del Tratado de Florencia de los años 50, cuyos efectos fueron, de hecho, lo que poco más tarde sería llamado "excepción cultural", aunque hoy este mismo país proponga la total liberalización de los bienes culturales desde una posición de mucha fortaleza, ya que controla con sus producciones cerca del 90% del tiempo en las pantallas latinoamericanas, su sector audiovisual constituye el segundo rubro en sus ingresos por exportaciones, y obtiene el 55% de las ganancias mundiales generadas por la comercialización de bienes y servicios culturales y comunicacionales.

Paralelamente a este proceso de expansión estadounidense, se fue desarrollando una mayor conciencia mundial con respecto a cuáles serían los efectos de dejar librado al mercado las decisiones en materia de políticas culturales.

En este sentido, el proyecto *Convención sobre la Protección de la Diversidad de los Contenidos Culturales y las Expresiones Artísticas* que comienza a discutirse en el año 2000, en el marco de la UNESCO, se erige como uno de los puntos de llegada a un acuerdo posible luego de un arduo camino de tratativas marcadas por todo tipo de presiones, *lobbys* y amenazas, y marca un punto de inflexión en dos sentidos: mediante la inclusión de cuestiones, como la regulación de mercado, en las agendas de los Estados y hacia un mayor nivel de consolidación del sector y de pertenencia por parte de sus actores.

## Historia, evolución y estado de situación

Para comprender cómo se llegó a la *Convención sobre la Protección y Promoción de la Diversidad de las Expresiones Culturales* de la UNESCO creemos conveniente introducir determinados antecedentes que directa o indirectamente, y tanto a favor o en contra del sustrato político-ideológico de la misma, han estado involucrados en el debate. Entre los principales elementos insertos en la dinámica de las discusiones sobre la "diversidad cultural" que precedieron a esta Convención se cuentan:

El Acuerdo de Florencia (de 1950) y el Protocolo de Nairobi (de 1976);

La creación del grupo de trabajo franco-quebequense sobre la Diversidad Cultural (en diciembre de 1998);

La Ronda Uruguay del GATT ("General Agreement on Trade and Tariffs", 1986-1993), los acuerdos MAI, "Acuerdo Multilateral de Inversiones", TRIPS, "Agreement on Trade Related Aspects of Intellectual Property Rights" y TRIMS, "Trade Related Measures" y la reunión de la OMC (en Seattle, EUA, 1999);

La mesa redonda de ministros de Cultura en la UNESCO (París, Francia, 11 y 12 de diciembre de 2000);

La Declaración Universal de la UNESCO sobre la Diversidad Cultural (en la 32° Conferencia General de la UNESCO en París, Francia, octubre de 2003);

La Convención sobre Diversidad Cultural de la UNESCO (en París, Francia, en octubre de 2005).

*Acuerdo de Florencia (1950) y protocolo de Nairobi (1976)*

Desde el año 1950 la UNESCO lidera acciones concretas a favor de la diversidad cultural. Entre ellas, se destaca particularmente la aprobación –en coordinación con las autoridades del GATT– del *Acuerdo para la Importación de Bienes de Carácter Educativo, Científico y Cultural*, denominado "Acuerdo de Florencia"[1] (al cual adhirieron 94 países hasta el año 2000), que se complementó en 1976 con el instrumento conocido como "Protocolo de Nairobi".

El Acuerdo de Florencia establece que los Estados firmantes se comprometen a desmantelar las barreras aduaneras para la importación de libros, obras de arte, material audiovisual educativo, científico y cultural, equipamiento científico, y aparatos y materiales para los no videntes. Asimismo, establece que se deben conceder las divisas y las licencias de importación necesarias para la compra de libros destinados a las bibliotecas públicas.

Con la adopción del Protocolo de Nairobi, los principios de libre circulación se extendieron a otros bienes culturales que no estaban contemplados en principio, particularmente a aquellos que utilizaran las tecnologías desarrolladas en aquel momento, como por ejemplo los materiales audiovisuales.

Pero aunque el Acuerdo de Florencia y el Protocolo de Nairobi abogan claramente por la liberalización de los mercados para los bienes culturales, ambos instrumentos contienen mecanismos de reserva, permitiendo que los países eviten la importación de bienes culturales que pudieran perjudicar el desarrollo de los productos nacionales.[2]

Precisamente, las consecuencias prácticas de estas reservas son lo que más tarde sería la "excepción cultural".

[1] La Argentina no integra el Acuerdo. De los países iberoamericanos, únicamente Bolivia, Cuba, El Salvador, Guatemala, Nicaragua, Venezuela, España y Portugal participaron, y sólo los tres últimos firmaron su adhesión.
[2] Ver la cláusula de reserva hecha por los Estados Unidos al momento de su adhesión al Acuerdo, publicada como un protocolo anexo que puede ser aplicado por todas las partes firmantes en sus relaciones con los Estados Unidos, y el Anexo C-1 del Protocolo de Nairobi respecto del cine comercial. Los efectos prácticos de estos textos son, de hecho, similares a aquellos de la "excepción cultural", aún antes de que este concepto fuera desarrollado.

*Grupo de trabajo franco-quebequense sobre la diversidad cultural (Reunión de Québec, Canadá, diciembre de 1998)*

En la reunión que tuvieron en 1998 los Primeros Ministros de Francia y Québec –Sres. Lionel Jospin y Lucien Bouchard– se acordó crear un Grupo de Trabajo Franco-quebequense sobre la Diversidad Cultural, proyecto que indudablemente forma parte del protagonismo de Francia y la comunidad francófona[3] en la temática. Desde entonces, el Grupo de Trabajo Franco-quebequense investiga la factibilidad jurídica de un instrumento internacional que garantice a los Estados y gobiernos el derecho a definir libremente su política cultural. En esa línea, estudia las soluciones jurídicas que garanticen una articulación satisfactoria entre ese instrumento internacional y la OMC.

*GATT (1986-1993), TRIPS, MAI, TRIMS,[4] y OMC (Seattle, 1999)*

Frente al imperio de la cultura de masas estadounidense, en otras latitudes se emprendieron acciones concretas tendientes a salvaguardar la producción local y regional, teniendo en cuenta que la cultura no puede ser equiparada a un producto comercial (como una heladera o un automóvil).

Así, en la Ronda Uruguay del GATT (ahora: Organización Mundial de Comercio) concluida en 1993, donde 117 países acordaron la mayor liberalización comercial de la historia, la Unión Europea planteó la "excepción cultural" para la producción audiovisual y se reservó el 51% para sus propias producciones. Convencidos de la necesidad de proteger la diversidad de sus identidades culturales locales y apostando fuertemente al proceso de integración regional más avanzado hasta entonces, decidieron garantizar el derecho de los pueblos a tomar contacto con otras culturas y a defender y difundir la suya propia. Entre sus argumentos, hicieron hincapié en

---

[3] Agrupa a cincuenta y seis Estados y gobiernos que tienen el francés como idioma común, entre los que sobresalen Francia y las provincias francoparlantes de Canadá.

[4] GATT (General Agreement on Trade and Tariffs). TRIPS (Agreement on Trade Related Aspects of Intellectual Property Rights): instrumento adoptado por la Ronda Uruguay con el objeto de ubicar a los derechos de propiedad intelectual bajo la órbita del GATT/OMC. MAI (Acuerdo Multilateral de Inversiones): su objetivo era crear una serie de reglas globales que reemplazara los (1600) acuerdos bilaterales existentes (BITS). TRIMS (Trade Related Measures): medidas relacionadas con el comercio.

que el acta 301 de la Ley de Comercio de los Estados Unidos permite imponer restricciones a los productos culturales extranjeros.

Por otra parte, los países de la Unión Europea estimaron que, en caso de reglamentarse y de ser cumplidos los acuerdos del GATT, se generarían en cuatro años cerca de dos millones de puestos de trabajo.

Canadá siguió entonces la iniciativa europea y se reservó un 50% del tiempo de televisión y radio por aire y por cable para contenidos de interés canadiense.

En los países miembros del bloque MERCOSUR las discusiones a nivel gubernamental se han visto concentradas, hasta el momento, en los aspectos meramente comerciales de la integración (sin que se establezca ningún tipo de relación entro lo comercial y lo cultural). Por lo tanto, el debate en torno a la posibilidad de adoptar políticas tendientes a generar una industria audiovisual importante ni siquiera fueron incluidas en algún temario. Esta abstinencia pasa por alto que el espacio audiovisual bien puede convertirse en un sector estratégico para motorizar el proceso de integración regional.

El impulso de medidas de salvaguarda y fomento para la industria audiovisual local a nivel del MERCOSUR constituiría una política decisiva y estratégica, especialmente a partir de dos cuestiones: por un lado representaría una señal clara en el ámbito cultural sobre la necesidad de aprovechar el espacio audiovisual al servicio de la integración de la región –aportando un contenido importante al MERCOSUR Cultural– y, por el otro, contribuiría a que cada país contemple la posibilidad de insertar, dentro de sus marcos regulatorios, este tipo de medidas. (En el caso de Argentina, donde la ley vigente (Nº 22.285) data de la última dictadura militar, sin lugar a dudas impulsaría a acelerar su revisión y actualización.)

Uno de los instrumentos más importantes adoptados en la Ronda Uruguay fue el Acuerdo TRIPS, que requiere que los países miembros de la OMC adhieran a estándares mínimos de protección de los derechos de propiedad intelectual –esencialmente los expuestos en las Convenciones principales del WIPO (Organización Mundial de la Propiedad Intelectual), la Convención de París para la Protección de la Propiedad Industrial y la Convención de Berna para la Protección de Trabajos Literarios y Artísticos. De este modo, el TRIPS confirma que los programas de computación estarán protegidos como trabajos literarios bajo el régimen de copyright –y no bajo el de marcas y patentes– y garantiza a los autores de programas de computación y a las productoras de grabaciones de sonido (discográficas) el derecho a autorizar o prohibir el alquiler comercial de sus trabajos al público. También contiene disposiciones relacionadas con la propiedad industrial, lo que incluye la protección de marcas, marcas de servicios, indicaciones geográficas, diseños industriales y patentes, circuitos integrados, diseño y diagramación, información reservada y secretos comerciales.

Ya que las inversiones extranjeras son un área cada vez más importante del comercio internacional en general, y del comercio de bienes y servicios culturales en particular, durante la Ronda Uruguay del GATT hubo un fuerte interés en comenzar nuevas negociaciones para establecer un acuerdo multilateral de inversiones autónomo y ejecutable, más allá de que las posiciones de los países con respecto a este tema fueran muy diferentes.

Así, el mínimo común múltiplo que se logró fue el TRIMS (Medidas de Inversión), que sólo atañe a inversiones relacionadas con el comercio de bienes y no cubre muchas de las áreas que fueron discutidas en las negociaciones de la Ronda Uruguay, como por ejemplo la "performance" (rendimiento) de las exportaciones, o los requisitos de la transferencia tecnológica. No obstante que la OMC siguió buscando negociaciones para eliminar las barreras contra las inversiones extranjeras, no se alcanzó un consenso. En consecuencia, en 1995 la OCDE gestionó un nuevo Acuerdo Multilateral de Inversiones (MAI), cuyo objetivo principal era aplicar la agenda de desregulaciones de las inversiones de la OMC por medio de la creación de una serie de reglas globales que reemplazaría el conjunto de 1.600 tratados bilaterales de inversión (BITS).

El MAI –que debía estar abierto a todos los países miembros de la OCDE y permitir el acceso a los países no-miembros– se propuso aplicar el principio NMF (Nación Más Favorecida) de no-discriminación y estimular el tratamiento nacional a las reglas de inversión extranjera. De resultas, los inversores extranjeros debían ser tratados como inversores locales. La propuesta también incluía una prohibición sobre los "Requisitos de Performance", de manera que los gobiernos no podrían imponer patrones de performance a los inversores, y proponía proteger la liberalización de los regímenes de inversión con un procedimiento efectivo de conciliación de disputas.

Sin embargo, la creciente tensión entre las partes intervinientes en la negociación y la oposición feroz de la opinión pública global al proyecto MAI llevó a una postergación de seis meses (a partir de abril de 1998), para dar tiempo a los países a buscar apoyo local y realizar consultas nacionales. Tras la moratoria, puesto que Francia anunció que se retiraba de las negociaciones y que los temas derivados de las discusiones se hacían cada vez más extensos, el proyecto del MAI quedó en suspenso. No obstante, este fracaso abrió una nueva fase en las negociaciones multilaterales, porque puso en evidencia que los temas culturales son particularmente controvertidos a la hora de establecer acuerdos.

*MESA REDONDA DE MINISTROS DE CULTURA EN LA UNESCO (París, Francia, 11 y 12 de diciembre de 2000)*

Esta Mesa significó la oportunidad única de realizar un balance general sobre el papel de la UNESCO en la promoción de la diversidad cultural dentro de la "mundialización" y de evaluar el estado de la discusión sobre los principales conceptos vinculados a la cultura, la diversidad y el pluralismo. En esa ocasión se presentaron dos documentos de importancia: la *"Alianza Global para la Diversidad Cultural"*[5] y los *"Elementos Preliminares de un Proyecto de Declaración sobre la Diversidad Cultural"*[6].

Las intervenciones de los Ministros dejaron en claro que existe una doble confrontación en la comunidad internacional: por una parte los países desarrollados (PD) contra los países en desarrollo (PED), y por la otra los Estados Unidos frente al resto de los países participantes. Ante la hegemo-

---

[5] El proyecto de la Alianza Global apunta a los productos culturales e implica una asociación flexible entre el sector público y el privado, con el fin de proteger y promover la diversidad cultural a escala mundial. Se trataría de la creación de una red de empresas, organizaciones e instituciones de todos los países interesados en contribuir al desarrollo de las industrias culturales en los países del sur. El proyecto prevé la firma de acuerdos entre las partes interesadas bajo el amparo de la UNESCO y eventualmente de la OMC, quienes velarían por la aplicación del Acuerdo.

[6] Este documento destaca, desde su preámbulo, la necesidad de definir los conceptos de "cultura", "diversidad" y "pluralismo". Los dos grandes principios que propone son: a) proclamar el valor específico de la cultura, y b) reconocer el valor de la diversidad cultural como determinante para el futuro de la humanidad. Entre los objetivos figuran el patrimonio en general (y el patrimonio oral e inmaterial en particular); las lenguas; los bienes y los servicios culturales; los saberes tradicionales; los sistemas de información y comunicación; la educación.

nía estadounidense, los Ministros de los PED coincidieron en reclamar medidas concretas tendientes a reforzar sus industrias culturales nacionales y permitir el acceso de sus bienes culturales a los mercados internacionales.

Con relación a la posibilidad de crear un instrumento legal para la protección de la diversidad cultural fue notable la falta de voluntad política de los PD de concretarlo, e igualmente visibles fueron las ventajas que tal instrumento acarrearía: consolidaría una toma de conciencia sobre la importancia del tema; reafirmaría que las leyes económicas deben interactuar con aquellas que garantizan los derechos fundamentales de las personas; y podría ser articulado con otros instrumentos legales ya existentes y, sobre todo, ser incluido en el mecanismo de la OMC.

Por otra parte, se aseguró que no hay una contradicción entre la preservación de la diversidad cultural y el desarrollo de un mercado mundial, dado que éste puede favorecer las expresiones de identidad cultural local mientras que aquélla puede ser una fuente de desarrollo económico y de creación de empleos.

Si bien ninguno de los documentos de trabajo pudo ser aprobado por falta de tiempo, las consideraciones finales de la Declaración resultante establecieron los siguientes objetivos:

a) La defensa del patrimonio oral e intangible,

b) La promoción de idiomas y lenguas madres a la par del reconocimiento del multilingüismo,

c) La importancia de los bienes y servicios culturales en tanto portadores de identidades y símbolos particulares, a lo que se agrega la protección de los derechos de copyright,

d) La vinculación del *know-how* tradicional con el proveniente del desarrollo de la ciencia moderna,

e) La cohesión y desarrollo de redes de grupos sociales locales, regionales, nacionales y globales a partir de las redes de información y los medios de comunicación que aseguren la diversidad cultural, y

f) El fortalecimiento del sistema educativo, por ser fundamental para el logro de la diversidad cultural.

*Declaración universal de la UNESCO sobre la diversidad cultural*, 31°
*Conferencia General de la UNESCO (París, Francia, noviembre de 2001)*

Esta Conferencia adoptó la *Declaración Universal sobre la Diversidad Cultural*, confirmando el carácter específico de los bienes y servicios culturales que "al ser portadores de identidad, de valores y de sentido, no deben ser considerados como bienes de consumo al igual que los demás". El plan de acción que acompaña a la Declaración tiene como objetivo garantizar su implantación, y propone que "se lleve a cabo la reflexión relativa a la oportunidad de un instrumento jurídico internacional sobre la diversidad cultural".

*Convención sobre la diversidad cultural de la UNESCO (octubre del 2005)*

Finalmente adoptada, en París, en la 33ª Sesión de la Conferencia General de la UNESCO, en octubre del 2005 con 148 países a favor, 2 en contra (Estados Unidos e Israel) y 4 abstenciones (Australia, Honduras, Nicaragua, Liberia).

El 18 de marzo de 2007 la Convención entro en vigor al alcanzarse los treinta países necesarios para su ratificación.

La Convención marcó un punto de inflexión respecto al debate mundial sobre cuál debía ser el ámbito adecuado para el tratamiento de los servicios y bienes culturales. Con su aprobación se reconoce, por primera vez en la historia del derecho internacional, el carácter singular de los bienes y servicios culturales y confirma el derecho soberano de los países a darse políticas culturales en pro de la diversidad. Todo ello aporta una base sólida para aquellas naciones que no deseen asumir compromisos de liberalización comercial en materia cultural.

*El MERCOSUR en cuestión*

El MERCOSUR tuvo su primera Reunión Especializada de Cultura en marzo de 1995 –donde se dio especial relevancia al tema de la libre circulación de los bienes culturales–, pero al día de hoy todavía no se han firmado convenios intrarregionales de reciprocidad sobre este asunto, lo que afecta gravemente el desarrollo de las industrias y la integración de la región.

Recién en la X Reunión de Ministros de Cultura (realizada en Buenos Aires, Argentina, el 22 de junio de 2000) la cuestión de la "diversidad cultural" cobró estatura en las discusiones regionales. Allí se aprobó, entre otros puntos, "solicitar que la diversidad cultural pueda expresarse en el intercambio de los productos culturales en el ámbito de la Organización Mundial del Comercio (OMC)", y se impulsó a que en junio de 2001 se realizara en Santiago de Chile el Seminario *Importancia y Proyección Cultural del MERCOSUR, Bolivia y Chile, en Miras a la Integración,* en el que se definió la necesidad de "determinar los pasos a seguir para que se dé inicio a la elaboración de una legislación regional sobre la circulación de bienes y servicios culturales".

De la XI Reunión de Ministros de Cultura de la región (celebrada en Río de Janeiro, Brasil, el 20 de diciembre de 2000), las propuestas más destacables fueron: a) la elaboración de una legislación regional sobre circulación de bienes y servicios culturales, y b) el apoyo a la iniciativa de cooperación e intercambio audiovisual de televisoras de los Estados Parte del MERCOSUR con su pares de América Latina.

Asimismo, los participantes manifestaron su beneplácito por la aprobación de financiamiento, por parte de OEA, de un Proyecto de Investigación de las Industrias Culturales –que el Grupo Mercado Común (GMC) del MERCOSUR incorporó a sus estrategias de integración regional.

En la XVI Reunión de Ministros de Cultura (realizada en Asunción, Paraguay, el 2 y 3 de junio de 2003) se resolvió solicitar al Foro de Consulta y Concertación Política del MERCOSUR la inclusión en el "Comunicado Conjunto de los Presidentes de los Seis Países" del siguiente párrafo: "Ante las actuales y futuras negociaciones comerciales internacionales, convencidos de la necesidad de garantizar la soberanía de los Estados para generar y fomentar el desarrollo de políticas públicas en materia cultural y promover un mayor equilibrio en el intercambio de los bienes y servicios culturales, incluyendo las nuevas tecnologías, resuelven instruir a las autoridades competentes de sus respectivos países la preparación y aprobación de una Convención Internacional para la Diversidad Cultural en el marco de la UNESCO".

Por otra parte, dentro de esa Reunión se llevó a cabo el "Seminario Técnico Regional sobre la Diversidad Cultural en el Mercosur" que, entre otros puntos:

1. Recomienda que se prepare, para su aprobación en la próxima Reunión de Ministros, un Plan de Acción para la aplicación de la Declaración Universal de la UNESCO sobre la Diversidad Cultural, con miras a la Convención Internacional para la Diversidad Cultural,

2. Solicita a los respectivos Gobiernos que cuando negocien acuerdos comerciales internacionales no acepten compromisos que puedan resultar limitantes a su capacidad de establecer libremente sus propias políticas culturales, y

3. Promueve que se avance en el MERCOSUR, Bolivia y Chile en el desarrollo de un marco normativo propio y una política de sustento de la diversidad cultural, reconociendo la importancia de incluir las salvaguardas legales necesarias para su protección.

Y por último, en la XVII Reunión de Ministros de Cultura (realizada en Montevideo, Uruguay, en noviembre de 2003) se propuso:
1) Solicitar al Foro de Consulta y Concertación Política del MERCOSUR la inclusión en el Comunicado Conjunto de los Seis Presidentes la necesidad de promover el trabajo común entre los gabinetes de Cultura y Economía para consensuar políticas públicas y, en particular, la necesidad de continuar con la elaboración de indicadores.
2) Recomendar la creación de un órgano especializado de autoridades de la Industria Cinematográfica y Audiovisual del MERCOSUR[7].
3) Avanzar en la elaboración de los Informes de los sistemas nacionales de cultura, a los efectos de brindar datos según patrones comunes y favorecer la construcción de sistemas de información compatibles y, eventualmente, compartidos.
4) Estimular la elaboración de indicadores cualitativos y económicos para la cultura que sirvan para fijar objetivos claros y precisos. (Índices que deberían elaborarse sobre la base del intercambio de información que se establezca entre el sector público, las industrias culturales y la sociedad

[7] Finalmente, en diciembre de 2003, el Grupo del Mercado Común –órgano ejecutivo del MERCOSUR- crea la RECAM, Reunión Especializada de Autoridades Cinematográficas y Audiovisuales del MERCOSUR. Su objetivo es el de avanzar en el proceso de integración de las industrias cinematográficas y audiovisuales de la región.

civil, especialmente a través de la colaboración de formadores y gestores especializados y actualizados.)

5) Apoyar los resultados de la 32 Conferencia General de UNESCO –en la que se acordó el diseño de un instrumento jurídico normativo que resguarda la Diversidad Cultural ante las actuales y futuras negociaciones comerciales internacionales–, e impulsar a que el MERCOSUR participe activamente en su diseño.[8]

6) Fortalecer la legislación en materia de Industrias Culturales en el MERCOSUR nivelando las normativas existentes de la manera más conveniente para todos los países miembro, con la finalidad de promover la producción cultural de la región y facilitar la circulación de productos culturales.

## Conclusiones

La convergencia de las nuevas tecnologías hacia la llamada Autopista Mundial de la Información (AMI) –cuya vía privilegiada es la fibra óptica– convierte a la "aldea global" en realidad de potencialidades tan grandes que no pueden quedar reducidas a una simple cuestión de mercado. Como ejemplo de esto tomemos en cuenta las megafusiones y adquisiciones entre empresas que han tenido lugar en el campo de los medios de comunicación, las telecomunicaciones y la informática durante los últimos años, emprendimientos cuya facturación supera los 20.000 millones de dólares, y en algunos casos pasa la barrera de los 100.000.

A partir del proceso de integración que se está llevando a cabo en la región y de la necesidad de relanzar el MERCOSUR Cultural resulta imperativo impulsar desde los Estados miembro políticas públicas que promuevan la posibilidad de generar un espacio para el intercambio y el diálogo intercultural. Es urgente apoyar con decisión el desarrollo de nuestras industrias culturales locales y regionales –en particular las audiovisuales–, ya que las mismas son poco competitivas a nivel internacional y son las que asegurarán que nuestra región tenga un merecido lugar en el cambiante contexto global.

Un primer paso para encaminarnos hacia esa senda común consiste en que la Argentina no permanezca ausente en los debates culturales más trascendentes de la última década, léase los ya mencionados –que se concreta-

---

[8] A mayo del 2007 han ratificado la Convenciòn Brasil, Uruguay, Chile y Bolivia. Llamativamente no lo han hecho Argentina ni Paraguay.

ron en el "foro mundial" más importante a nivel del comercio internacional: la OMC (ex-GATT)–, como, con su ratificación al recientemente aprobado instrumento internacional sobre la Diversidad Cultural (IIDC) de la UNESCO. De hecho, la articulación entre estos dos ámbitos[9] es determinante a futuro.

La reciente resolución de la UNESCO de avanzar en la preparación del IIDC es un paso importante para que los países puedan establecer políticas de defensa de sus respectivas IC. En tanto se definan con precisión los alcances de dicho instrumento y sus respectivas ratificaciones (es necesaria la ratificación de 30 países), es esencial que el mayor número posible de Estados no adquiera ningún compromiso de liberalización en el marco de la OMC[10].

En este mismo sentido, el Tratado de Libre Comercio de las Américas (ALCA), y sus países suscriptores, juega un papel fundamental. Canadá invita con énfasis a que los países involucrados en el ALCA participen activamente en el proceso del IIDC en la UNESCO y se cercioren de que los compromisos contraídos en el marco de las negociaciones de este tratado sean conformes a tales objetivos.

Otro tratado que debe ser observado con atención y que requiere una mayor actividad en la generación de conciencia respecto a lo que está en juego es el acuerdo MERCOSUR/UE, anunciado para un futuro próximo. Cabe destacar que en la última reunión ministerial entre la UE y el MERCOSUR, celebrada en mayo del 2006, este acuerdo de asociación figuró como prioridad en la agenda 2007-2013. También conviene destacar que

[9] Ivan Bernier, de la Facultad de Derecho de la Universidad Laval, Quebec y especialista en Diversidad Cultural, plantea que el instrumento tiene una vocación ante todo cultural, mientras que la vocación de la OMC es exclusivamente comercial. Pero puesto que el instrumento tiene también como objetivo garantizar la capacidad de intervención de los Estados en el área cultural frente a la OMC, su elaboración puede difícilmente hacerse sin tener en cuenta las exigencias de la OMC. Esto no significa que el instrumento tenga que ceder ante la OMC, pero en la medida en que no se puede eliminar la posibilidad de conflictos no está prohibido tratar de establecer puentes aptos para facilitar su solución en una perspectiva aceptable desde el punto de vista cultural. Ver: "Evaluación de la factibilidad jurídica de un Instrumento Internacional sobre la Diversidad Cultural", Mayo de 2003.
[10] Una política que están llevando adelante los EUA es la de establecer acuerdos bilaterales de libre comercio. El riesgo latente, desde el enfoque de la Diversidad Cultural, es que esos convenios de libre comercio bilaterales no incluyan la excepción cultural en esos procesos de liberalización. En este sentido, es interesante analizar el caso del reciente acuerdo de Chile con los EUA.

en dicha Cumbre no se ha hecho ninguna referencia al IIDC aunque aparece bastante nombrada la OMC.

Por lo que se conoce, la Unión Europea ofrece reducir los subsidios a su producción agrícola, lo que daría mayores oportunidades a nuestras exportaciones en ese campo; pero como contrapartida se estaría otorgando una amplia apertura del sector servicios –donde se incluye al sector cultural–; especialmente en el campo de las telecomunicaciones.

En este orden, resulta imprescindible la coordinación de las acciones en materia cultural con los distintos países miembros del MERCOSUR y de la región, a fin de fortalecer una posición común[11].

Una de las grandes dificultades a la hora de tomar posición política respecto a estos escenarios, es la casi nula inserción que tienen las áreas de gestión cultural en estos ámbitos. En este sentido, la gran importancia del IIDC no se limita a su aprobación, sino también, a la concientización que generó su debate tanto en la gestión pública como en los propios actores culturales implicados. Es así como en el mundo comenzaron a crearse Coaliciones en Defensa de la Diversidad Cultural integradas por artistas, empresarios, pensadores. Todos ellos con el objetivo de perforar la divisoria existente entre comercio exterior (ámbito desde donde se llevan a cabo las negociaciones comerciales a nivel internacional) y el campo de la cultura. Un ejemplo interesante de nuestra región es lo acontecido con Chile. Cuando ese país firma en el año 2000 un tratado de libre comercio con EUA, implementa mecanismos de reserva en materia cultural. Todo ello ha sido el resultado de las presiones ejercidas por la comunidad artística y empresarial del mundo de la cultura, reunidos en la Coalición para la Defensa de la Diversidad Cultural, ante las autoridades de Comercio Exterior.

Por lo tanto es prioritario ampliar los ámbitos de acción en materia de gestión cultural incorporando aspectos, no tradicionales, como el comercio local e internacional y la regulación de mercado. Desde estos últimos lugares se define, a diario, nada más ni nada menos, las posibilidades futuras del desarrollo cultural de las naciones.

---

[11] Garcia Canclini planteaba que era imperioso llegar a la fecha estipulada para la concreción del ALCA (2005) superando la escasa información que se tiene en nuestra región respecto de la producción cultural propia.

# Capítulo 6
# Las industrias culturales en el mundo: políticas aplicadas

Debido a la novedad que implica la incorporación de las IC dentro del diseño de las agendas públicas, es interesante identificar algunas políticas aplicadas en los países que han sido pioneros en la materia.

Ciertos países, como los Estados Unidos, visualizaron tempranamente la potencialidad económica y cultural de estas industrias y aplicaron una estrategia de expansión a través del mercado, y en otros los niveles de desarrollo de algunas IC particulares fue proporcional a su mayor o menor presencia en las agendas políticas locales (como en España la industria editorial o en Argentina la del cine). Así también, un tema aparte (y que se desarrolla en otro capítulo) es el de las políticas de liberalización comercial, y un fenómeno que merece ser atendido es el que surge de la aplicación de conceptos nuevos, como los de "economía creativa" e "industrias creativas" acuñados por los británicos y retomados por países como China y Brasil.

Lo cierto es que, como veremos, no existen demasiadas experiencias de gestión vinculadas al campo de las industrias culturales. En especial, hay pocos casos donde las mismas sean tomadas como sistema. Veremos que hay acciones específicas para el fomento de alguno de sus subsectores que no toman la problemática integral de las mismas. Es sin duda una de las grandes deudas mundiales con la cultura. Como se ha dicho y seguiremos diciendo a lo largo de este trabajo: hoy no puede pensarse el desarrollo cultural de un país ni su posibilidad de inserción con voz propia en el mundo sin una activa política de fomento a sus industrias culturales. De ellas depende gran parte de la producción, circulación y la posibilidad de acceso a la diversidad.

Pasemos a los ejemplos:

## Unión Europea, Francia – Producciones audiovisuales

La política audiovisual europea es muy interesante visualizarla como ejemplo de estrategia regional. Ésta se basa en un proceso histórico donde Francia tiene un rol fundamental y que da como frutos la directiva "Televisión sin fronteras" (TSF) y el Programa MEDIA. Este último, junto con otras iniciativas, tiene como objetivo desarrollar el cine europeo y la cooperación con terceros países, mientras que la directiva TSF, que trataremos en detalle, es esencialmente defensiva con respecto a la producción norteamericana.

La directiva TSF fue adoptada en el año 1989[1] y entró en vigor en enero de 1992[2]. Sus objetivos generales son asegurar la libre circulación de los programas de televisión europeos y regular un vasto conjunto de elementos como la publicidad, la protección de los menores y el derecho a réplica, aunque su núcleo central consiste en las cuotas de difusión de las obras audiovisuales europeas y la posibilidad de instar a las televisoras de la UE a respetarlas.

Este instrumento fue el resultado de arduas negociaciones entre dos coaliciones. Por una lado, la que se inclina por la libre circulación de los audiovisuales producidos sin ayudas locales ni intervención del Estado: Reino Unido, Luxemburgo, buena parte de los radio y teledifusores privados, los distribuidores de productos audiovisuales y, desde luego, las *majors* americanas–; por el otro, un gran número de sindicatos y asociaciones internacionales europeas –y en especial francesas– que se han movilizado con el liderazgo del propio Estado francés para intentar "reservar una proporción mayoritaria del tiempo de difusión en pantalla" para las películas, series y documentales de origen europeo.

## Canadá – Su liderazgo en defensa de la Diversidad Cultural

Este es un país líder en materia de Diversidad Cultural tanto en su impulso al desarrollo del "Proyecto de Convención por la Diversidad"[3] en

---

[1] Dir. 89/552/CEE del Consejo, 03-10-1989.
[2] Luego fue revisada en 1997, Dir. 97/36/CE del Parlamento Europeo y del Consejo, 30-06-1997.
[3] Canadà fue el primer pais en ratificar la Convención por la Diversidad Cultural de la UNESCO en noviembre del 2005.

UNESCO como en el rol que ha jugado en el estímulo a la creación de Coaliciones por la Diversidad en diferentes naciones. Por consiguiente, no es sorprendente que sea uno de los pocos que en la firma de tratados de libre comercio haya establecido cláusulas de excepción para las IC, al punto de que todos los tratados bilaterales sobre inversiones suscritos por Canadá desde 1993 comportan una cláusula que excluye totalmente a los productos culturales de sus alcances.

Incluso en el Tratado de Libre Comercio de América del Norte (TLCAN) firmado por Canadá, Estados Unidos y México, que entró en vigencia el 1º de enero de 1995, Canadá se arroga el derecho de sustraer a sus industrias culturales del campo de acción del Tratado, mientras que los Estados Unidos y México optaron por dar al sector cultural el mismo rango que todos los demás sectores en él implicados.

Internamente, Canadá establece políticas de protección y promoción de su producción cultural con igual celo. Protege la producción local mediante barreras regulatorias cuyos ejemplos más claros son visibles en los medios de comunicación: por ejemplo, la ley estipula que las difusoras de TV y radio deben ser de propiedad canadiense, respetar las normas de contenido nacional mínimo y ofrecer a los productores y a los artistas canadienses algunas ventajas vinculadas a la modalidad de cuota.

Ya en 1972 este país había puesto en vigencia cuotas radiofónicas, que en la actualidad establecen que las emisoras de radio garanticen que por lo menos el 35% del contenido musical que difunden sea canadiense, y en el caso de las emisoras de lengua francesa, que al menos el 55% sea en francés.

En cuanto a la televisión, las cuotas de pantalla son del orden del 60%. Esta política tiende a contrarrestar la tendencia a comprar contenidos en el exterior, ya que es mucho más caro producir en Canadá que comprar enlatados a los Estados Unidos.

Por otra parte, hacia la década del '90 el Estado canadiense destinaba un promedio de 2.200 millones de dólares a la financiación de instituciones y actividades culturales, lo que incluía ayudas al sector editorial en forma de subvenciones a la traducción y a nuevos editores y ayuda financiera a la edición de libros y periódicos.

## Colombia – Ley del Libro

Este país funciona como referente en la región en cuanto a políticas culturales, debidamente apoyadas por la legislación correspondiente.

Al respecto, en materia de fomento a las industrias culturales, cabe destacar la Ley del Libro de 1993 –que se ha convertido en un elemento decisivo para el desarrollo de las editoriales locales–, de la que Néstor García Canclini dice: "Colombia es el único país de la región donde el Gobierno impulsa decididamente la industria editorial, y la Ley del Libro, que libera de impuestos por veinte años a los editores residentes en ese país y les garantiza la compra del 20% de todas sus ediciones para su distribución en bibliotecas, está fomentando el crecimiento de una sólida industria con capitales transnacionales y creciente capacidad de exportación". También la Ley del Cine de 2003, mediante el financiamiento a la producción cinematográfica local, incentivos tributarios y cuotas de pantalla, ha logrado aumentar la producción de largometrajes de menos de dos películas a alrededor de diez por año.

Retomando la Ley del Libro colombiana[4], conviene destacar algunos de sus principales puntos:

- Las empresas editoriales constituidas en Colombia gozan de exención total del impuesto sobre la renta y complementarios, durante veinte (20) años, contados a partir de la vigencia de la Ley (1993), cuando la edición e impresión se realice en Colombia. Esta exención beneficiará a la empresa editorial aún en el caso de que ella se ocupe también de la distribución y venta de los mismos.

- El Gobierno Nacional adquiere una cantidad de ejemplares de la primera edición de cada libro de carácter científico o cultural, editado e impreso en el país, no inferior al 50% del número de bibliotecas públicas registradas en COLCULTURA. Estos libros se destinan a la dotación de bibliotecas públicas y al canje de la Biblioteca Nacional.

---

[4] La Argentina, en su ley 25.446 de Fomento del Libro y la Lectura incluye algunos aspectos coincidentes con la de Colombia, aunque con un alcance menor. De hecho nunca se incorporaron a la ley las medidas de exenciones impositivas a las editoriales siendo éste uno de los principales reclamos del sector. También establece que el Estado podrá adquirir no menos del 5% de la primera edición de cada libro editado en el país, de autor nacional.

- La importación de papel para la edición de libros y revistas es libre y está exenta de toda clase de derechos arancelarios, tasas o restricciones aduaneras.

- La exportación de libros, revistas, folletos o coleccionables seriados de carácter científico o cultural editados e impresos en Colombia están exentos de todo gravamen.

- Los libros y revistas, los diarios o publicaciones periódicas, cualquiera que sea su procedencia, continuarán exentos del impuesto sobre las ventas.

- Existe deducción de impuestos también a las inversiones en ensanche o apertura de nuevas librerías o sucursales de las ya existentes.

- España – internacionalización de su lengua.

La internacionalización cultural que está llevando a cabo España a través de su lengua es importante de ser observada. De la mano del Instituto Cervantes, este país, está cumpliendo su firme propósito de perforar el mercado global con un instrumento tan central de la cultura como lo es el idioma. Con la intención de ganarle el lugar al inglés, ha firmado convenios en países, como Brasil, donde hay importantes perspectivas de éxito para la inserción de su industria editorial.[5] Conviene mencionar que Brasil está aplicando en su sistema educativo la obligatoriedad de la enseñanza del español: diez millones de alumnos de las escuelas secundarias podrán aprender español en clase. El Instituto Cervantes hizo un cálculo donde en los próximos años serán necesarios unos 230.000 docentes en lengua española sólo en Brasil.

No es menor en esta estrategia de promoción de las industrias culturales, a través del idioma como recurso económico cultural, el arribo del Instituto Cervantes a China.

---

[5] Recientemente el Instituto Cervantes y el Instituto español de Comercio Exterior, han firmado un convenio para la internacionalizaciòn del español como lengua extranjera.

## Instituto Catalán de Industrias Culturales (ICIC) como modelo institucional.

La creación del ICIC ha sido el modelo institucional elegido en Barcelona para la promoción y desarrollo de sus industrias culturales.

Sus funciones consisten en:

* Establecer y gestionar la participación de los representantes de los sectores implicados a través de programas orientados a la prestación de soporte y apoyo técnico a los diferentes sectores vinculados a las IC;
* Fomentar el desarrollo de las empresas relacionadas a las industrias culturales y ayudar a la formación de nuevas empresas;
* Ofrecer apoyo a las iniciativas empresariales de promoción de productos culturales e impulsar el consumo interno, la exportación, la difusión y la promoción en circuitos internacionales de estos productos;
* Facilitar las relaciones entre las IC y las administraciones públicas;
* Impulsar la colaboración entre empresas y creadores culturales;
* Realizar estudios estructurales y prospecciones sobre las IC;
* Difundir la información relativa a las ayudas y servicios de los distintos organismos destinados a las IC;
* Fomentar las acciones formativas de interés para el desarrollo de las IC;
* Promover y ejecutar actividades dirigidas a desarrollar las IC en Cataluña;
* Velar por el cumplimiento de la normativa de promoción de la lengua y la cultura catalana y de la lengua de la cultura "araneses"; y
* Promover la innovación creativa y la investigación de ofertas de calidad de nuevas estéticas y nuevos lenguajes.

Por un decreto del año 2004 se atribuyó al ICIC funciones en materia de música, teatro, artes visuales, libros y edición (que antes eran competencia de la Dirección General de Promoción y Cooperación Cultural) y de promoción exterior de la cultura (previamente bajo el Consorcio Catalán de Promoción Exterior de la Cultura).

## EE.UU y su intervencionismo encubierto

A pesar de su declarada y agresiva política global en pos de la desregulación estatal y la liberalización del comercio internacional en el campo audiovisual, EEUU tiene programas de apoyo a la producción en treinta y siete de sus cincuenta estados, con millonarios incentivos fiscales que otorga a sus productores[6].

Por otra parte, el gobierno estadounidense da exenciones impositivas a las trece compañías de ese país que controlan el 96% de la distribución y proyección en su territorio, las que conforman una estructura semimonopólica. También interviene colocando barreras a la entrada de filmes extranjeros (solo un 0,75% del tiempo de pantalla) y presiona a otros gobiernos para que desregulen la distribución y exhibición eliminando cuotas de pantalla y cualquier protección a las cinematografías nacionales[7]. Como bien plantea García Canclini, así el cine estadounidense se transforma en uno de los más subsidiados del mundo, a partir del apoyo a la conformación de una estructura cuasi-monopólica en la distribución y la exhibición, que buscan además imponer en el mercado global.

## Conclusión

Son pocos los países que pueden exhibir trayectoria en políticas dirigidas a las industrias culturales. En algunos casos, como los EEUU, el mercado es poderoso y autosustentable y las políticas apuntan a consolidar su dominio a nivel mundial. Hay otros donde el Estado es principal protagonista como promotor y garante –Francia y Canadá– y ha sabido sortear los límites que erige la cultura, en su sola acepción como "bellas artes", integrando problemáticas ligadas al comercio y a la regulación de mercado. Barcelona y Buenos Aires (ver capítulo 7) aparecen con una propuesta institucional donde queda claramente plasmada una concepción de las industrias culturales como sistema o conjunto de subsectores fuertemente interrelacionados. También es cierto que ambas ciudades tienen una importante infraestructura cultural y una fuerte presencia del sector en su territorio, hecho que colabora en la construcción de un abordaje más preciso al tema.

[6] Victor Ugalde, "Cine Mexicano, 10 años despues del TLC", articulo aparecido en Boletín *INFODAC*, Suplemento Especial 52, enero 2004.

Respecto a la "evolución conceptual" de industrias culturales a industrias creativas, liderado por el British Council, todavía no se ha materializado en ejemplos concretos pero ha podido penetrar el "imaginario de la gestión" en el campo, en especial en Latinoamérica. Este hecho, quizás, no sea del todo bienvenido dada, como hemos observado, la poca práctica de aplicación de políticas concretas hacia las industrias culturales en sus sectores más tradicionales: audiovisual, fonográfico y editorial. En este contexto, ampliar el concepto de industrias culturales incluyendo un sinnúmero de actores y de ámbitos no parece lo más conveniente. Las industrias creativas abarcan, dependiendo de los casos, desde el libro, pasando por la arquitectura, hasta los centros culturales. Como todos sabemos, toda delimitación conceptual no sólo es técnica sino, más bien, política. Convendría dejar madurar las incipientes acciones dirigidas a actores ya consolidados por su capacidad de reproducir bienes culturales en serie para luego abrir el campo a nuevos sujetos.

# Capítulo 7
# Buenos Aires como caso testigo

## La ciudad de Buenos Aires: su cultura y el contexto global

De la industrialización creciente de la producción cultural y de su circulación masiva por redes transnacionales de comunicación se deriva el hecho de que los mensajes culturales a los que accede el público se encuentran cada vez más desterritorializados y "virtualizados" por la impronta tecnológica de los nuevos medios.

En este marco de realidad, y operando de manera ambivalente dentro de la lógica comercial global, las ciudades van ganando un "nuevo" lugar en el mapa cultural mundial. Así, la tendencia es que las grandes ciudades se destaquen –por contraste– en el escenario internacional como focos de producción y consumo cultural con una identidad bien definida.

Quizás esto se deba a que en la actualidad, como dice Jesús Martín Barbero, las ciudades son los únicos territorios sin fronteras en los que se vive a un mismo tiempo una experiencia profunda de la identidad local y una relación directa con el mundo, y donde lo privado y lo público se interpenetran tanto como lo universal se ancla en lo local, y viceversa.[1]

Un buen ejemplo de esta situación es el desarrollo de planes estratégicos que en varias ciudades europeas han puesto el foco en lo cultural, de manera de convertir a las producciones locales en los principales agentes

---

[1] Carlos E. Guzmán Cárdenas. "Las nuevas síntesis urbanas de una ciudadanía cultural (La ciudad como objeto de consumo cultural)" publicado en la pagina web de la OEI. Ver www.campus-oei.org.

de la transformación urbana en términos del servicio y la idea post-industrial de las "metrópolis del conocimiento".[2]

En este sentido, Buenos Aires es una ciudad con gran potencial y dinamismo. Es una ciudad con una amplia gama de servicios, que da muestras de estar posicionándose como la capital regional de la cultura y el diseño a partir de ciertas ventajas comparativas que tienen que ver con el alto nivel creativo, técnico y profesional en muchas de las industrias implicadas, además de la larga tradición empresarial y la versatilidad de varios de los sectores.

En cuanto a los recursos humanos, la población porteña posee buen nivel de instrucción general y cuenta también con la posibilidad de acceder libremente a un amplio rango de escuelas de enseñanza artística y de formación profesional en distintos oficios y profesiones. Espacios como el Conservatorio de Música "Manuel de Falla", la Escuela Municipal de Arte Dramático, el Instituto Vocacional de Arte, las Orquestas Juveniles o la Orquesta Escuela y El Instituto Superior de Arte del Teatro Colón son algunos de los que dan vida a esta trama. A ellos habría que agregar el sinnúmero de carreras que se han abierto en estos últimos años en disciplinas vinculadas al diseño y la creación audiovisual. Esto, además de representar un valor indudable en términos de la calidad de vida de la población, asegura a las IC la posibilidad de renovar constantemente el personal creativo y técnico capaz de aportar a la solidez de su crecimiento.

Buenos Aires también posee una infraestructura cultural pública de gran relevancia, ya que concentra buena parte de los organismos y las instituciones culturales más importantes del país, como la Biblioteca Nacional y la red de Bibliotecas Públicas –varias de ellas especializadas–, el Teatro Colón, el Teatro Cervantes, el Teatro Gral. San Martín –y su Centro Cultural–, el Instituto Nacional de Cinematografía y Artes Visuales y una gran cantidad de museos públicos y privados, además de cerca de doscientas salas de teatro independiente y un amplio rango de actividades gratuitas en bares musicales, cafés y centros de cultura, todos ellos promotores y generadores del arte de la ciudad

---

[2] Se puede ejemplificar estas estrategias en los casos de ciudades como Barcelona, Glasgow o Bilbao. Esta tendencia ha sido especialmente notable entre las ciudades industriales en declive que necesitaban desplazar la base de sus economías de la producción al consumo de servicios, así como la urgencia de la remodelación de sus estructuras urbanas.

Asimismo, la ciudad ofrece una firme estructura en varias de las IC clásicas: a un número notable de editoriales y librerías tradicionales hay que sumar una gran cantidad de imprentas bien equipadas, cinco canales de televisión abierta, treinta y cuatro radios, quince diarios y periódicos, alrededor de setenta sellos discográficos –además de los multinacionales– y varios estudios de grabación y edición de música y medios audiovisuales de última generación. Al respecto, en el campo de la producción audiovisual existen hoy más de doscientos productoras, lo que demuestra la importancia de la actividad a nivel local.

El editorial es un buen ejemplo de un sector industrial con larga tradición local. A pesar de los procesos de concentración y trasnacionalización en el sector, hay un universo importante de agentes que editan en la ciudad, son casi mil sellos editoriales (empresas, instituciones o personas) que editaron algún libro en 2005. De ese universo, unas ciento ochenta publican al menos un título mensual, con un promedio de cincuenta libros anuales[3]. Este último dato marca la vitalidad del sector editor PyME en nuestra ciudad.

Algo similar ocurre en el campo discográfico, donde de manera similar, y a pesar de los procesos de concentración a escala global, se multiplican en los últimos años nuevos actores –favorecidos por las nuevas tecnologías y el consecuente abaratamiento de costos– detectándose según un relevamiento reciente[4], unos 70 sellos independientes, que le otorgan un dinamismo especial a la producción discográfica local.

Todos estos elementos sirven de base a una actividad cultural intensa, que se pone de manifiesto en los ciento setenta teatros, las doscientas salas de cine y los más de cien museos y cincuenta centros culturales de la ciudad y se sustenta en las producciones de escritores, ensayistas, dramaturgos, directores de cine y de teatro, músicos, actores y técnicos de reconocida calidad. Sobre este punto, vale destacar cómo, en medio de la crisis política, económica y social de 2001 y 2002, la vida cultural de la ciudad no sólo se mantuvo activa sino que, como destacaron entonces los medios de comunicación, cobró un dinamismo inesperado.

---

[3] Fuente: OiC, estimación realizada para el año 2004.
[4] César Palmeiro, *Situación económica y creativa de las PyMEs de la industria discográfica en la Ciudad de Buenos Aires*. Serie Investigaciones OiC, Buenos Aires, 2005.

Dadas estas características únicas de Buenos Aires –ya sean ellas atributos concretos o del imaginario social–, es plausible pensar que la ciudad bien puede constituirse en un centro de referencia regional en términos de la excelencia para la producción de las industrias del contenido, donde los recursos humanos, el profesionalismo y la creatividad juegan un rol determinante.

En este sentido, es necesario evaluar aquellos datos que nos ayuden a comprender la incidencia que ya tienen las IC en el empleo y la economía de la ciudad –y así permiten proyectar al área como un agente estratégico para el desarrollo sustentable y autónomo– y diseñar el mapa de la composición de las IC por sectores, grados de concentración particulares, potencialidades y problemáticas comunes y compartidas, de manera de contar con los elementos que permitan planear las estrategias públicas óptimas para favorecer al desarrollo del conjunto y de cada uno de los subsectores.

## Mapa de las IC de Buenos Aires

En la Ciudad de Buenos Aires las IC con mayor peso son el sector editorial y el audiovisual. Al interior del primero se destaca las actividades de edición e impresión y en el segundo en primer lugar los servicios de radio y televisión y luego la producción y distribución de filmes y videocintas.

Si ponderamos el peso económico de cada sector dentro del conjunto de las IC notamos que el complejo editorial y gráfico representa casi el 57%, del aporte total de las IC a la economía de la ciudad mientras que el sector audiovisual constituido principalmente por la actividad de producción y exhibición de películas y la televisión aporta el 26%.

Durante 2005, considerando únicamente estas actividades directas de las I.C. – sectores de edición de periódicos, revistas y publicaciones periódicas y sus ventas al por mayor y menor, servicios de transmisión de radio y TV, producción y distribución de filmes y videocintas y su exhibición– el valor agregado fue de $ 7.892 millones, equivalentes al 6,3% del Producto de la CABA. ($ 124.657 millones). Con las actividades indirectas (publicidad, agencias de noticias y actividades de transmisión de datos e imágenes) ese aporte alcanza el 7,1% del Producto.

En términos de empleo, tomando sólo las IC tradicionales (sector audiovisual y editorial), en el 2005 generaron 81.000 puestos de trabajo.

Con las actividades indirectas y otras actividades culturales, llegamos a 120.000 empleos.

La conformación al interior de los sectores no deja de estar marcada por los procesos de concentración globales que ya describimos, aún cuando existen diferencias al interior de los mismos y dentro de ellos en las distintas fases de la cadena productivas y de exhibición comercialización.

Son muy marcadas la concentración en las fases de comercialización del sector discográfico y de la distribución y exhibición cinematográfica, algo menos en la comercialización de libros.

En las fases de producción de los tres sectores (audiovisual, editorial y discográfico) aún cuando la concentración es importante en términos de la porción de mercado con la que se quedan unas pocas empresas, existe una diversidad de actores económicos significativa en términos de la posibilidad de sostener una producción local de contenidos propios y en la generación de empleo. Ya mencionamos en ese sentido la existencia de unas ciento ochenta editoriales Pymes con producción continua en la ciudad de Buenos Aires, un universo muy heterogéneo de más de setenta sellos discográficos y cerca de doscientas productoras de contenidos audiovisuales (de cine, televisión y comerciales publicitarios) que van desde pequeñas productores y realizadores hasta las productoras televisivas asociadas a los principales canales de TV abierta.

A continuación se anexa un documento de trabajo que expresa los lineamientos, objetivos y acciones de la gestión estatal local en favor de las IC, por ser ilustrativo de un estilo político y una herramienta o modelo útil para el lector.

## Nuevo escenario para las industrias culturales y de diseño de Buenos Aires en el marco de una política de producción.

Este es un documento que elaboramos en el momento en que la Subsecretaria de Industrias Culturales salía de la órbita del Ministerio de Cultura para pasar al Ministerio de Producción.[5] Ésta no es una decisión menor y, seguramente con el tiempo, formará parte de los debates locales e interna-

[5] Marzo del 2006. Se reestructura, con una ley de Ministerios, el modelo institucional del Gobierno de la Ciudad de Buenos Aires.

cionales en materia de políticas dirigidas a las industrias culturales. ¿Deben éstas formar parte de las políticas culturales? ¿Es el ámbito de la gestión cultural el mejor lugar desde donde abordar este sector que tiene, sin duda, especificidades más vinculadas a lo que "tradicionalmente" se concibe como sector productivo? Éste es un cambio de paradigma muy importante que suscitará o debería suscitar ricos debates en la materia.

Volviendo a este documento, su objetivo era brindar un panorama que indicara en qué momento del desarrollo de políticas nos encontrábamos y hacia dónde debíamos orientar nuestros esfuerzos. Como se observará, se detallarán aspectos de la gestión logrados en el ámbito cultural y cuales serían los nuevos desafíos a afrontar en el área de producción.

*1- Datos económicos del sector*

Una manera de medir el peso social y económico de las IC locales consiste en revisar los aportes que la actividad cultural hace a la producción y el empleo de la ciudad. Y aquí se destaca el hecho de que duplican el volumen que tienen a nivel nacional: el conjunto de las actividades culturales aportan el 5,2% del Empleo –lo que se traduce en unos 120.000 puestos de trabajo– y el 7,7% del Producto Bruto de la ciudad.

Si hablamos sólo de las I.C., éstas agregan un 7,1% del valor que genera la economía de la ciudad y el 4,1% del empleo existente en la misma.[6] De esto puede deducirse que la articulación de las IC con el turismo cultural y el diseño potenciaría notablemente su impacto, ya que en conjunto podríamos estimar un aumento a más del 10% del PBG y del 8% del Empleo[7].

En tanto que su evolución en los últimos años muestran a las IC como uno de los sectores más dinámicos de la Ciudad de Buenos Aires. Entre 2003 y 2004 su crecimiento según el valor que agregan a la ciudad fue de aproximadamente el 15%, en tanto que entre 2004 y 2005 lo hacen cerca de un 20%, dato que cobra otra estatura al observar que esta evolución casi duplica la tasa de crecimiento de la economía de la ciudad en el mismo período.

[6] Datos del 2005. Fuente: Observatorio de Industrias Culturales de la Ciudad de Buenos Aires.
[7] Fuente: "Cultura, Turismo y Producción", trabajo realizado por el CEDEM por encargo de la Secretaría de Cultura GCBA, junio de 2002.

Por otra parte, los indicadores de producción y de consumo de bienes y servicios culturales muestran que durante 2006, aun cuando ese crecimiento se modera, la evolución sigue siendo marcadamente positiva, tal como se desprende del monitoreo llevado a cabo por el Observatorio de Industrias Culturales de la ciudad de Buenos Aires (OIC).

Tomando como año base el año 2003, el Índice de las Industrias Culturales de la ciudad de Buenos Aires (IIC) alcanzó en 2006 un valor de 148,4. Esto significa que desde 2003 hasta el 2006 las IC locales han crecido un 48,4%. Este índice refleja no sólo el aumento productivo, sino también del consumo de satisfactores culturales.[8]

Además, las IC vienen avanzando en el sector externo con una evolución muy favorable de las exportaciones. Se estima que en los últimos dos años las exportaciones de la Ciudad de Buenos Aires se duplicaron a la vez que hay una tendencia positiva dado que se van abriendo cada vez más mercados en el exterior. Se estiman exportaciones argentinas de las IC (incluyendo actividades conexas e insumos de las mismas) superiores a los 300 millones de dólares, pero sin considerar los contratos de distribución y exhibición (entre ellos, de películas y formatos para TV) que no son captados por las estadísticas del comercio exterior.

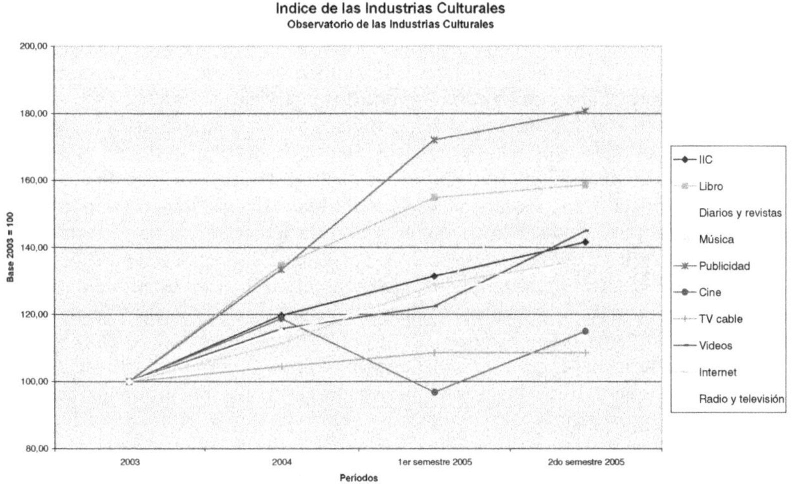


<hr>

[8] El Indice es un indicador de la evolución de diferentes sectores económicos que conforman las industrias culturales y actividades económicas conexas a las mismas. Se incluye a la

2- *Desarrollo de políticas*

Desde la gestión del GCBA hacia el sector de industrias culturales y de diseño se ha logrado, entre los años 2004 y 2006.

Instalar al sector industrias culturales como sector productivo con un importante impacto en la economía local, incorporándolo en la agenda de otros organismos públicos locales y nacionales.

Sistematizar y generar datos económicos y sociales del sector a través del Observatorio de Industrias Culturales[*].

Tener interlocución con áreas de políticas públicas que, tradicionalmente, no tenían interacción con la cultura: SEPyME, Producción del GCBA, INDEC; Cancillería, Fundación Exportar, Banco Ciudad, etc.

Desarrollar políticas y acciones específicas que abordaran distintas problemáticas de toda la cadena de valor de las industrias culturales. (Asistencia financiera, capacitación, espacios diferenciados en puntos de venta)[**]

---

producción de libros, publicaciones periódicas, música, videos y cine; los servicios de TV por cable, TV abierta, publicidad e Internet. También se incluye en la construcción del índice datos relativos al consumo de esos productos y servicios culturales.

[*] Este Observatorio fue la primera acción que tomamos cuando asumimos la Subsecretaría de Industrias Culturales a principios del 2004. Sabíamos que el primer paso para dimensionar a este sector de la cultura como productivo era contar con datos estadísticos que den cuenta de su impacto social y económico. Así también era nuestra intención poder dibujar un mapa donde quede explícito los grados de concentración del sector, su transnacionalización y el lugar de las pymes en este escenario. Por ello el Observatorio reúne información cuantitativa y cualitativa sobre el movimiento económico de las industrias culturales y de diseño (incidencia en el PBI y empleo, niveles de facturación, cambios en la composición de capital de las empresas, balanza comercial, mercados potenciales de exportación, etc.). Los recursos comunicacionales del OIC son: Sitio web; Boletín electrónico; Revista Observatorio; Documentos de trabajo e Investigaciones específicas; Foros, Encuentros y Seminarios.

[**] Como sucede, por ejemplo, con el Programa Opción Libros, que promueve la difusión de la producción de las pequeñas y medianas editoriales locales a través de la creación de espacios diferenciados de venta al interior de librerías. Se trata de lograr el posicionamiento de los libros a través de la edición de un Catálogo bien diverso y de alta calidad, acompañado de una gráfica y señalética diferenciada; una importante campaña de divulgación y difusión en los principales medios de difusión; y la edición de antologías de literatura argentina como "obsequio" para los compradores de títulos del Catálogo de Opción.

Interactuar y organizar el sector compuesto, en su mayoría, por PyMes (a través de reuniones y encuentros entre el sector y con otros organismos del Estado).

Posicionar a Buenos Aires como referente internacional en materia de investigación y desarrollo de políticas dirigidas a las industrias culturales (OEI; UNESCO; Convenio Andrés Bello, AECI, British Council, OEA, entre otros; asistencia técnica para la replicación de políticas en Inglaterra, EEUU, China, Colombia, Chile, España, Brasil).

Promover y fortalecer el desarrollo del diseño local –mediante la coordinación de esfuerzos públicos y privados– a través de políticas explícitas orientadas a la inserción y el desarrollo del diseño desde el CMD.[***]

Las Áreas de trabajo son:
- Producto: La estrategia del Área consiste en alinear sectores de una rama productiva para conformar la cadena de valor y, a su vez, un sistema integral que gestione diseño y desarrolle nuevos productos.

- Moda: El Área intenta articular la red del sistema de la moda: textil, marroquinería, calzado, accesorios, joyería y *bijouterie*, para lograr una fuerte interacción que potencie las posibilidades de este sector.

- Diseño interactivo: A través del vertiginoso desarrollo de las comunicaciones, se ha multiplicado la posibilidad de generar nuevos negocios. El Área surge para dar respuesta a la creciente demanda de nuevas tecnologías de la información.

***El Centro Metropolitano de Diseño tiene como misión asistir a empresas, diseñadores y emprendedores de la Ciudad de Buenos Aires, con el fin de mejorar su competitividad a partir del diseño y la innovación. Brinda asistencia técnica y financiera a las empresas para ayudarlas a aumentar su productividad y competitividad, diseñando e implementando programas que permiten la creación y transferencia de know-how entre los diversos actores de la cadena de valor, y acercando a las nuevas tendencias culturales los stocks de recursos y tecnologías actuales y futuras para impulsar la creación de nuevos productos o sistemas diferenciados. Trabaja de manera articulada con diseñadores, gerentes de diseño, empresarios, directores de políticas públicas y sector académico, generando acciones y eventos promocionales que sirvan de plataforma para posicionar a Buenos Aires como capital del diseño.

- INCUBA: Es el programa que promueve el crecimiento y desarrollo de proyectos vinculados al diseño, al turismo o las industrias culturales. La idea es apoyar el desarrollo de empresas innovadoras y de calidad.

- El Dorrego: Se trata de un espacio que exhibe productos de alto nivel de diseño, calidad y producción. Su programa de usos se articula en una agenda de eventos y ferias, y "la movida" que dicha oferta arrastra.

- El Instituto Metropolitano de Diseño e Innovación (IMDI) es un espacio de trabajo y reflexión sobre temáticas que relacionen al pensamiento estratégico, la innovación en diseño y el mundo productivo.

Posicionar a Buenos Aires como ciudad referente del diseño a nivel internacional, lo cual le ha significado obtener la mención de "Ciudad del Diseño" de la UNESCO.

## 3- Nuevo escenario

La nueva estructura del GCBA ha establecido como uno de sus ejes principales de la política productiva de la Ciudad a las industrias culturales, *poniendo en valor* a este sector productivo a la par de otras áreas productivas como Turismo o la política general hacia Industria y Servicios de la Ciudad*

En ese marco, la META de la Subsecretaría de Industrias Culturales ha sido:

Posicionar a Buenos Aires como plataforma internacional de los negocios y los intercambios comerciales para las industrias culturales y del diseño.**

---

* Como resultado de la reforma en la Ley de Ministerios (2006) donde el área de industrias culturales queda bajo la órbita del Ministerio de la Producción.
**Aquí hay dos eventos que siembran esta perspectiva: la Feria Internacional de la Música (BAFIM) y el Festival Internacional de Diseño, ambos desarrollados, ya desde el Ministerio de Producción, en el segundo semestre del 2006.

Desarrollar el mercado externo: Las industrias culturales no sólo muestran un importante potencial para el desarrollo del mercado interno sino y, fundamentalmente, para el mercado externo[***].

Consolidar una batería de políticas de promoción de las industrias culturales y de diseño local. Esto sin duda se está logrando con la continuidad de las políticas que veníamos desarrollando en Cultura y la incorporación de nuevas acciones que fortalecieron las mismas.

Desarrollar una infraestructura ordenada que concentre y potencie el trabajo de algunos sectores y acompañe el desarrollo de zonas postergadas de la Ciudad.[****]

Generar una fuerte estrategia de articulación con diversas entidades del sector público, privado y asociaciones del tercer sector que permita aunar esfuerzos y recursos, y lograr una mejor plataforma de trabajo.

[***] Se creó, en este cambio de estructura y como respuesta a los objetivos planteados, la Dirección General de Promoción y Exportación de Bienes Culturales. Su misión principal es la generación de una estrategia exportadora eficaz, teniendo en cuenta las diferentes herramientas de apoyo a los exportadores y las características propias de cada uno de los sectores. Los objetivos son lograr una mejor inserción internacional, optimizar la oferta exportadora y generar nuevos mercados para las PyMES culturales de la Ciudad.
Las herramientas de gestión son: la generación de actividades de promoción de las empresas, tanto en Ferias Internacionales, Rondas de Negocios, Misiones Comerciales, etc.; el desarrollo de materiales de promoción de la oferta del sector de industrias culturales y de diseño de la Ciudad, así como de Catálogos con la oferta exportable de las empresas de cada sector; la difusión de información calificada relativa al comercio exterior y otros servicios ofrecidos por diversos organismos de apoyo a PyMES; el desarrollo de actividades de capacitación en técnicas de comercio exterior, armado de consorcios, presencia en ferias de negocios, etc., así como en aspectos legales y de desarrollo empresarial, mecanismos de asistencia financiera, etc.; y la generación de una plataforma de vinculación y trabajo articulado con diversas entidades públicas, privadas y del tercer sector —locales e internacionales— que trabajan en la misma dirección, como la Fundación Exportar, ProArgentina, Cancillería Argentina, entre otras.
[****] Se incorporó un área para el desarrollo de mercado externo (dirección general) clave para el crecimiento del sector y se ordenó la estructura dando mayor jerarquía al Centro metropolitano del Diseño, al Observatorio y a Buenos Aires Set de Filmación.

# Capítulo 8
# Final

Y hasta aquí llegamos, por ahora, con la intención de brindar un panorama general y delinear aspectos básicos de un sector tan dinámico e interesante como es el de las industrias culturales.

Quedaron pendientes algunos temas importantes para desarrollar, con mayor detalle, como por ejemplo, el impacto de la tecnología digital en estas industrias que está modificando de plano sus maneras de producir, comercializar, distribuir y de consumir. Tampoco hemos abordado en profundidad un sector novedoso de la economía de la cultura y de gran visibilidad en las grandes ciudades como es el Diseño. Serán estos temas pendientes para el próximo trabajo.

Como lo hemos planteado a lo largo de este libro, el siglo XX fue el siglo del desarrollo de las industrias culturales, su apogeo e inserción, a nuestro juicio, tardía en la concepción del desarrollo productivo y en el campo de las políticas públicas. También fue este siglo XX, de la mano de una notoria ausencia del Estado, el de la concentración y transnacionalización de estas industrias con el perjuicio que ello ha traído en materia de diversidad cultural. Hoy abordamos un siglo XXI con grandes operadores transnacionales en el campo de las industrias de la comunicación y la cultura, que tienen concentrada su estrategia de dominio de mercados internacionales. El desafío de las políticas en estos años ha sido, y lo sigue siendo, tener estrategias para equilibrar mercado y presentar un Estado atento frente a un sector privado que avanza, sin reparos, en un terreno que es, digámoslo claramente, público. Si bien es cierto que ésta no es una problemática local sino más bien mundial, hemos podido describir algunas experiencias en países que han estado más alertas y han tomado posición en este campo, librado prácticamente, a los avatares del negocio privado. Queremos dejar en claro que no es nuestra intención enarbolar prejuicios frente a la comercialización de los bienes culturales. Todo lo contrario, el proceso de industrialización que ha revolucionado el mundo cultural es una verdad que debemos asumir y cuanto más claridad y realidad pongamos en este terreno más benéficas serán también las alternativas, estrategias o políticas que ideemos para el sector. Muchos años, muchos prejuicios o mucha complicidad de un Estado que se replegaba en los ensueños de las bellas artes, hizo que un campo tan importante en el desarrollo económico y cultural del país quede en la trastienda de las definiciones estratégicas del desarrollo local y su proyección mundial. En este marco encuentran su lógica las ausencias, en las agendas de negociaciones comerciales internacionales, de medidas de resguardo a este patrimonio cultural. Es preocupante que la Argentina no haya ratificado, todavía, su acuerdo con el instrumento de diversidad cultural que encaró la UNESCO. Dejamos aquí plasmadas todas las dudas respecto a la utilidad y fuerza política de este instrumento, pero, a pesar de ello, son posiciones locales, e idealmente regionales, que conviene tener tomadas para luego acompañarlas con medidas que las vuelvan veraces.

En el escenario actual, por ejemplo, no deberíamos pasa por alto, decisiones a tomar donde, nuevamente, y sobre otros soportes, se reiterarán concentraciones. La televisión digital y su norma a adoptar frente al "apagón analógico" es sólo un ejemplo de ello. Estas definiciones no son sólo técnicas sino, esencialmente, políticas. Tras ellas se decide una alineación con Europa, Estados Unidos o Japón, donde los *lobbies* de distintos grupos serán contundentes.

Por último, y ya en relación a haber podido transitar la experiencia de la gestión pública, no puedo dejar de decir que es realmente apasionante y todo un desafío trabajar para el desarrollo de las empresas culturales. A pesar de la concentración y de la monopolización (que muchas veces nos vuelve escépticos respecto a nuestra capacidad para incidir en este campo), hay mucho por hacer. Por ello es interesante reflexionar acerca de una temática apenas esbozada en este trabajo: ¿desde cuál de los ámbitos del Estado conviene abordar a las industrias culturales: desde el cultural?, ¿desde el productivo? ¿Cuánta predisposición habrá para direccionar fondos públicos en proyectos de incubadoras de industrias culturales o en el desarrollo de mercado externo, cuyos frutos recién podrán visualizarse en el largo plazo? ¿No existe ya una tradición en deslizar esos fondos en el contundente éxito de un megaevento? Este es el espíritu que todavía está presente en las concepciones políticas y se hace carne en la experiencia concreta de la gestión donde debe sumarse a las tradiciones y concepciones, objetivadas en el Estado, las personalidades de los hombres que las llevan a cabo. En este sentido, es interesante socializar que de nuestra experiencia en la gestión pública ha sido el Ministerio de Producción de la Ciudad el ámbito donde hemos encontrado mejor interlocución para abordar la problemática y necesidades de este sector. Fortalecer a las empresas locales para que sean competitivas tanto en el mercado local como en el internacional requiere de mucho tiempo. Requiere de acciones que apunten a la innovación y a la inversión en conocimiento sabiendo que ello no sólo agrega valor a los productos sino que construye una masa productiva crítica con capacidad para salir a competir a nivel mundial. Para ello, es muy importante que la "visión" de Estado esté acorde y se encuentre con el compromiso del sector privado. Es oportuno comentar que esta visión errática y poco audaz del Estado ha sido también acompañada, en gran medida, por los actores privados. En definitiva de eso se trata, de estados y actores privados poniéndose de acuerdo en el rumbo a tomar. De ese entendimiento y de esa interacción dependerá el futuro. Ésta es la construcción que estamos atravesando, para la cual necesitamos de un Estado que no se pelee con el mercado, que no compita con el mercado, sino que regule y equilibre ese mercado para que, justamente, tengan espacio una diversidad de actores capaces de innovar y dar perfil a un país con ganas de salir a mostrar su contenido al mundo.

Quiero agradecer muy especialmente la mirada minuciosa de Fernando Arias quien me ha acompañado en todo este trabajo. Lo mismo para Facundo Solanas, hoy sin duda referente en la temática de diversidad cultural. Y como siempre, a todo mi equipo en las cabezas de Hernán Gullo, Agustina Peretti y Roberto Aruj. Sin todos ellos, hoy no estaría aquí escribiendo, narrando, satisfecha, la maravillosa experiencia de trabajar en la gestión pública para el desarrollo de las industrias culturales locales.

# Bibliografía


**AA.VV.** *Industrias Culturales: Incidencia Económica y Sociocultural, Intercambios y Políticas de Integración Regional.* Secretaria de Cultura y Medios de Comunicación República Argentina, Buenos Aires, 2001.

**AA.VV.** *Cooperación Cultural Euroamericana. III Campus Euroamericano de Cooperación Cultural.* OEI, Madrid, 2005.

**AA.VV.** *Industrias Culturales y desarrollo sustentable.* CONACULTA/OEI. México, D.F., 2004.

**AA.VV.** *Cultura y sustentabilidad en Iberoamérica.* OEI/Interarts, Madrid, 2005.

**AA.VV.** *Indústrias Culturais no MERCOSUL.* Instituto Brasileiro de Relaciones Internacionales, Brasilia, 2003.

**Adorno,** Theodor W., **Horkheimer,** Max. *Dialéctica del Iluminismo,* Sudamericana, Buenos Aires, 1987.

**Barbero,** Martín. *Comunicación, cultura y hegemonía.* Barcelona, 1987

**Baumol** W., **Bowen,** W. *Performing Arts. The Economic Dilemma.* New York, Ed. Twenty y Century Fund. 1966

**Bonet,** Lluis. *Economía y Cultura: una reflexión clave en Latinoamérica.* BID, Barcelona, 2001.

**Bordieu,** Pierre. *Sobre la televisión.* Ed. Anagrama, Barcelona, 2003.

**Galperin,** Hernan. *Las industrias culturales en los acuerdos de integración regional: el caso del NAFTA, la UE y el MERCOSUR.* UNESCO, Brasilia, 1998.

**García Canclini,** Néstor y Carlos Moneta (coord.), *Las Industrias Culturales en Latinoamérica.* CAB/FONCA/GCBA/SELA/UNESCO, Ed. Eudeba, Buenos Aires, 1999.

**García Canclini,** Néstor. *Latinoamericanos buscando lugar en este siglo.* Paidós, Buenos Aires, 2002.

**García Canclini,** Néstor. *Diferentes, desiguales y desconectados.* Gedisa, Barcelona, 2004.

**García** Canclini, Néstor. La Globalización imaginada. Paidós. Buenos Aires. 1999

**Getino,** Octavio. *Las industrias culturales en la Argentina: dimensión económica y políticas públicas.* Colihue, Buenos Aires, 1996.

**Getino,** Octavio. *Cine iberoamericano: los desafíos del nuevo siglo.* Ed. Veritas, San José, Costa Rica, 2005.

**Getino,** Octavio. *El Capital de la cultura. Las industrias culturales en Argentina y en la integración MERCOSUR.* PARCUM/Senado de la Nación, Buenos Aires, 2006.

**Marx,** Karl. *El Capital, Libro I, Cap.* VI ( inédito). Ed. Siglo XXI.

**Mastrini,** Guillermo (editor). *Mucho ruido, pocas leyes. Economía y políticas de comunicación en la Argentina (1920-2004).* La Crujía Ediciones, Buenos Aires, 2005.

**Mato,** Daniel (comp.) *Cultura, política y sociedad. Perspectivas latinoamericanas.* CLACSO, Buenos Aires, 2005.

**Observatorio de Industrias Culturales.** *Anuario de Industrias Culturales de la Ciudad de Buenos Aires 2005.* Subsecretaría de Industrias Culturales, Ministerio de Producción, Buenos Aires, 2006.

**Palmeiro,** César. *La Industria del Disco. Economía de las PyMEs de la industria discográfica en la ciudad de Buenos Aires.* Observatorio de Industrias Culturales (OIC). Buenos Aires, 2005.

**Perelman, Pablo y Seivach, Paulina.** *La Industria cinematográfica en la Argentina: entre los límites del mercado y el fomento estatal.* CEDEM, Buenos Aires, 2003.

**Pietro de Pedro,** Jesús. *Cultura, economía y derecho, tres conceptos implicados,* Revista Pensar Iberoamérica, Nro. 1, OEI. Septiembre 2002.

**Rama,** Claudio. *Economía de las Industrias Culturales en la globalización digital.* EUDEBA, Buenos Aires, 2003.

**Rey,** Germán. *La cultura en los tratados de libre comercio y el ALCA.* Convenio Andrés Bello, Colombia, 2004.

**Solanas,** Facundo y Vázquez, Mariana. *MERCOSUR: Estado, Economía, Comunicación y Cultura. Estrategias políticas, económicas y audiovisuales del Mercosur en el contexto de la globalización.* EUDEBA, Buenos Aires, 1998.

**Smith,** Adam. *La riqueza de las naciones.* Fondo de Cultura Económica, México, 1997.

**Ulanovsky,** Carlos y otros. *Días de Radio.* Espasa Calpe, Buenos Aires, 1995.

**Vicario,** Fernando. *Las comunicaciones y las Industrias Culturales.* Documento realizado para el CEFIR, Uruguay, 1998-99.

**Vacchieri,** Ariana (comp.) *El medio es la TV* La marca Editora, Buenos Aires, 1992.

**Yúdice,** George. *El recurso de la Cultura,* Gedisa, Buenos Aires, 2006.

www.ingramcontent.com/pod-product-compliance
Lightning Source LLC
Chambersburg PA
CBHW081727250726
48657CB00010B/3162